NACHHILFE

LEICHT GEMACHT

Englisch

Sonderausgabe

In dieser Reihe sind außerdem erschienen:
- Deutsch: Rechtschreibung und Diktat, Grammatik, Aufsatz
- Mathematik: Textaufgaben, Bruch- und Prozentrechnen, Geometrie

Text: Dr. Angela Bogner M. A., Peter Weigl
Illustration: Karl Knospe
Gestaltung: Carsten Abelbeck
Umschlaggestaltung: Axel Ganguin

ISBN 978-3-8174-6341-1
5163411

Inhaltsverzeichnis

Inhaltsverzeichnis

Vorwort

Nachhilfe leicht gemacht!

Der umfassende Trainingsband zu den Themen englische Rechtschreibung und Diktat, Übersetzung sowie Grammatik ermöglicht es dir, den Stoff des ersten und zweiten Lernjahrs zu wiederholen. Außerdem findest du zahlreiche abwechslungsreiche Übungen, anhand derer du die wichtigsten Regeln und Merksätze trainieren kannst. So kannst du dich ganz schnell für den Unterricht fit machen, deine Wissenslücken schließen und den Lernstoff vertiefen.

Der Zauberlehrling „Felix" steht dir mit Rat und Tat zur Seite und führt dich zuverlässig durch das Buch. Symbole und farbige Hinterlegungen sorgen für zusätzliche Übersichtlichkeit. Die Regeln sind durch spezielle Kästen hervorgehoben. Der Zauberstab weist dich auf praktische Tipps hin, die dir das Lernen erleichtern sollen. Die gelb hinterlegten Kästen enthalten interessante Hintergrundinformationen zum jeweiligen Thema, sodass du außerdem dein Allgemeinwissen erweitern kannst. Das Eulen-Symbol kennzeichnet besonders anspruchsvolle Übungen.

Treffende Beispiele erleichtern dir zusätzlich das Verständnis der Regeln. Am Ende jedes Kapitels werden alle wichtigen Fakten nochmals zusammengefasst. Darauf folgt eine Übungsseite, auf der du testen kannst, ob du wirklich alles verstanden hast. Die meisten Lösungen kannst du direkt ins Buch schreiben. Manchmal musst du aber etwas mehr schreiben. Lege dir dafür am besten ein Übungsheft an. Die Diktate kannst du dir von deinen Eltern, Geschwistern oder Freunden diktieren lassen.

Viel Erfolg und vor allem viel Spaß beim Lesen und Üben!

Rechtschreibung und Diktat

1./2. Lernjahr

1. Aussprache und Schreibung

Jede Sprache kann gesprochen und geschrieben werden. Daher ist es wichtig, dass du sowohl über die Schreibung als auch über die Aussprache von Vokalen und Konsonanten bestens Bescheid weißt. Im Folgenden werden dir alle Laute des Englischen im Einzelnen vorgestellt. Die Lautschrift gibt dir die Möglichkeit, genau aufzuscheiben, wie ein Wort ausgesprochen wird. Beachte, dass im Englischen die gleichen Buchstaben oft völlig unterschiedlich gesprochen werden.

Die Aussprache, die dir in diesem Buch vermittelt wird, richtet sich nach dem britischen Englisch, nicht nach dem amerikanischen Englisch.

1.1 Vokale

Regel

Vokale (a, e, i, o, u) sind Laute, die ohne die Benutzung eines anderen Lautes ausgesprochen werden. Man bezeichnet sie daher auch als Selbstlaute.

Sie können kurz (wie *Fluss*) oder lang (wie *Fuß*) gesprochen werden. Die Lautschrift, die du bereits aus deinem Englischbuch kennst, hilft dir, dies zu erkennen. Ein Doppelpunkt nach dem jeweiligen Laut bedeutet, dass dieser lang ausgesprochen wird.

Einzelvokale (Monophthonge)

[ɑː]	f**a**st, f**a**ther, cl**a**ss
[ʌ]	m**o**ther, h**u**ndred, b**u**s
[e]	p**e**n, ag**ai**n, fr**ie**nd
[ə]	**a**gain, ex**er**cise
[ɜː]	g**ir**l, w**or**ld, d**ir**ty, h**ur**t
[æ]	b**a**ck, f**a**t, c**a**t
[iː]	t**ea**, sw**ee**t, h**e**
[ɪ]	f**i**t, **i**n, happ**y**
[ɒ]	f**o**g, p**o**t, d**o**g
[ɔː]	f**ou**r, d**oo**r, w**a**ter, sm**a**ll
[ʊ]	g**oo**d, p**u**t, f**oo**t
[uː]	tr**ue**, f**oo**d, r**u**le, tw**o**

Manche Vokale werden – je nach Zusammenhang – betont oder unbetont gesprochen. So spricht man im Englischen viele Wörter, die innerhalb eines Satzes vorkommen, anders aus, als wenn sie in betonter Position – etwa am Satzanfang – stehen.
Hierzu gehören:

a) Pronomina

betont		*unbetont*
you	[juː]	[jə]
he	[hiː]	[hɪ]

b) Präpositionen

betont		*unbetont*
at	[æt]	[ət]
but	[bʌt]	[bət]
to	[tuː]	[tə]

c) Hilfsverben

betont		*unbetont*
can	[kæn]	[kən]
must	[mʌst]	[məst]

Doppelvokale (Diphthonge)

Wie im Deutschen gibt es auch im Englischen Laute, die sich aus zwei Vokalen zusammensetzen. Sie werden Doppellaute oder Diphthonge genannt.

[eɪ]	**ei**ght, st**ay**, n**a**me
[aɪ]	f**i**ne, b**y**, b**uy**, r**i**ght
[ɔɪ]	b**oy**, t**oi**let, enj**oy**
[əʊ]	g**o**, kn**ow**, **o**ld, r**oa**d
[aʊ]	m**ou**se, c**ow**, bl**ou**se
[ɪə]	**ea**r, h**ea**r, h**ere**, y**ea**r
[eə]	th**ere**, wh**ere**, w**ea**r
[ʊə]	t**ou**r, c**u**rious

Aussprache und Schreibung

1. Sprich die folgenden Wörter und Sätze laut vor dich hin.
a. Unterstreiche alle Buchstaben, durch die der Laut [ɜː] ausgedrückt wird.

girl, her birthday, church, curtain, bird, certain, shirt, first, word, Germany, third, T-shirt

Her purple skirt is dirty.
Pearl is a pretty girl with curls.
What shall I serve for dessert?
I saw Shirley early this year.
Shirley always flirts with Bert.

b. Schreibe die Wörter und Sätze auf und kontrolliere anschließend, ob du sie richtig geschrieben hast. Verwende dazu dein Extra-Heft.

Lege dir außerdem ein Heft an, in das du die Wörter und Wendungen hineinschreiben kannst, die du in einem Diktat oder bei einer Übung nicht richtig geschrieben hast.

2. Sprich dir die folgenden Wörter laut vor und pass genau auf, um welchen Laut es sich jeweils handelt. Trage die Wörter anschließend in die entsprechende Zeile ein.

bed – bird – pencil – girl – curtain – any – heard – many – word – Bert – red

[ɜː] ______________________________

____

[e] ______________________________

____

3. [eɪ] oder [aɪ]?

Unterstreiche jeweils den Laut [eɪ] rot und den Laut [aɪ] grün und notiere die betreffenden Wörter.

By night I like to ride my bike.

They say it rains in Spain since eight days.

4. [æ] oder [e] ?

Unterstreiche jeweils den Laut [æ] bzw. [e] und notiere dann die Wörter, in denen er vorkommt. Vergiss nicht, die Wörter, die dir Schwierigkeiten machen, in dein Merkheft zu übertragen.

Der Laut [æ]
Daddy has a bag. It's Daddy's bag.
Ann has a can. It's Ann's can.
Nanny has a pan. It's Nanny's pan. (pan = Pfanne)

Der Laut [e]
Ben has a pen. It's Ben's pen.
Den has a bed. It's Den's bed.
Glen has a hen. It's Glen's hen. (hen = Huhn)

Aussprache und Schreibung

1.2 Konsonanten

Konsonanten sind Laute, die man nur dann richtig aussprechen kann, wenn man sie zusammen mit einem Vokal spricht (z. B. [k] = [kɑː], [n] = [en]). Mann nennt sie daher auch Mitlaute. Im Englischen ist hier die Abweichung zwischen Aussprache und Schreibung wesentlich geringer als bei den Vokalen.

Die Konsonanten werden dir im Folgenden in vier Gruppen vorgestellt. Zunächst lernst du vor allem die englischen Laute kennen, die es im Deutschen gar nicht oder nicht in derselben Form gibt wie im Englischen und die du deshalb besonders intensiv üben musst.

a) Die Laute [θ] und [ð]

Die Buchstabenkombination *th* kann auf zwei unterschiedliche Arten ausgesprochen werden, je nachdem, welche Buchstaben ihr vorangehen beziehungsweise folgen. Es handelt sich zum einen um das stimmhafte, zum anderen um das stimmlose *th*.

Beispiele: [θ] **(stimmlos):** thing, thirty, bath, thank, three, mouth
[ð] **(stimmhaft):** this, mother, these, that, father

Regel

Das stimmlose *th* bildet man, indem man die Zunge zwischen den oberen und unteren Schneidezähnen nach vorn schiebt und dann kräftig Luft aus dem Mund herausdrückt. Es entsteht ein Lispellaut.

Regel

Das stimmhafte *th* bildet man ebenfalls, indem man die Zunge zwischen die oberen und unteren Schneidezähne schiebt. Man darf dann nur nicht so schnell die Luft herausdrücken. Der Ton ist stimmhaft, d. h. er klingt so wie ein leichtes Summen und kitzelt ein wenig.

Für das Wort *the* gibt es im Satzzusammenhang zwei verschiedene Aussprachemöglichkeiten:

Regel

Beginnt das auf den Artikel folgende Wort mit einem Vokal, so muss der bestimmte Artikel mit dem Laut [ðɪ] ausgesprochen werden, sonst mit [ðə].

Beispiele:	the pen [ðə]	the animal [ðɪ]
	the boy [ðə]	the elephant [ðɪ]

Vorsicht, es kommt immer auf die Aussprache des nachfolgenden Wortes an und nicht auf seine Schreibweise: Obwohl das Wort *uniform* mit einem Vokal beginnt, wird der Artikel folgendermaßen ausgesprochen: [ðə]. Der erste gesprochene Buchstabe ist nämlich ein *j*.

b) Stimmhaftes und stimmloses s

Regel

Das *stimmhafte s* sprichst du dann richtig aus, wenn es sich anhört, als würdest du summen. Hältst du die Hand an deinen Kehlkopf, so musst du dieses Summen spüren.

Regel

Der *stimmlose s-Laut* fällt uns als deutschen Muttersprachlern ganz leicht. Er ähnelt dem Zischen einer Schlange. Man kann ihn nach den stimmlosen Konsonanten *p, t, k* hören.

Beispiele:

stimmhaftes *s/[z]:*
easy und alle Wörter, die mit *z* geschrieben werden, wie etwa *zoo* oder *lazy*.

stimmloses *s/[s]:*

caps	[ps]	*hats*	[ts]	*books*	[ks]

c) Die Laute [tʃ], [ʃ], [dʒ] und [ʒ]

[tʃ] (tschüss) und [ʃ] (schön) sind Laute, die du vom Deutschen her gut kennst. Die Aussprache ist im Englischen genau die gleiche.

Beispiele:	[tʃ]:	**ch**ild, wa**tch**
	[ʃ]:	sta**ti**on, **sh**e

Aussprache und Schreibung

Regel

Beim Laut [dʒ] musst du darauf achten, dass er stimmhaft gesprochen wird. Hier kannst du wie beim stimmhaften *s* zur Kontrolle die Hand an den Kehlkopf legen. Sehr ähnlich klingt der Laut [ʒ], weshalb man aufpassen muss, dass man die beiden Laute nicht verwechselt.

Beispiele: [dʒ]: **j**eans, **G**ermany
[ʒ]: plea**s**ure

d) Die Laute [v], [f] und [w]

Regel

Der Laut [v] wird wie das deutsche w ausgesprochen, wie etwa in dem Substantiv *Wald*. Die oberen Schneidezähne liegen dabei leicht auf der Unterlippe. Hält man den Laut länger aus, so entsteht ein prickelndes Gefühl auf der Unterlippe.

Beachte folgenden Unterschied zwischen [v] und [f]:

[v]	[f]
the tent o**f** the circus	keep o**ff** the cage
the men o**f** the circus	Take o**ff** your shoes, they're dirty.

Der Laut [v] kommt allerdings nur dann richtg zu Stande, wenn man schnell und in einem Fluss spricht.

Regel

Der englische Laut [w] ist schwierig auszusprechen. Sprich zur Übung zunächst ein [uː] und anschließend den Rest des Wortes. Versuche nun das [uː] immer kürzer zu sprechen, dann landest du automatisch beim [w].

Beispiele: when, **wh**y, **o**ne

WER DIESEN SATZ AUSSPRECHEN KANN, IST EIN WAHRER ZAUBERER: VICTOR ALWAYS WEARS A WARM VEST IN THE WINTER.

5. Sprich die folgenden Wörter jeweils dreimal laut vor dich hin und achte darauf, dass der Buchstabe s jeweils als stimmhaftes [z] ausgesprochen wird.

bobs	([bz])	plums	([mz])	letters	([əz])
hands	([dz])	hens	([nz])	windows	([əʊz])
bags	([gz])	things	([ŋz])	houses	([zɪz])

Schon gewusst?

Ein kleiner Hinweis zum [r] : Dieser Laut kann im britischen Englisch nur dann gesprochen werden, wenn das Wort mit einem *r* beginnt oder wenn er am Wortende steht und das nachfolgende Wort mit einem Vokal beginnt.
Im amerikanischen Englisch wird das *r* hingegen immer ausgesprochen. Beide Aussprachevarianten sind korrekt, sie weisen lediglich auf eine andere Herkunft des Sprechers hin! Wenn du genau hinhörst, kannst du jetzt auch herausfinden, welches Englisch dein Lehrer spricht.

Britische Flagge

Amerikanische Flagge

6. Lies den folgenden Dialog laut. Versuche, den *r*-Laut einmal britisch und einmal amerikanisch auszusprechen. Lass dir den Text anschließend diktieren! Notiere alle falsch geschriebenen Wörter in dein Merkheft!

A visit to New York City

Luciano: I'm very excited! I am going to visit my cousin.
Michelle: Where does your cousin live?
Luciano: She lives in New York City.
Michelle: What does she do there?
Luciano: She is a student at Columbia University.
Michelle: What do you want to do while you are there?
Luciano: I want to visit the Statue of Liberty and go to a play on Broadway.

Aussprache und Schreibung

7. [θ] oder [ð]? Sprich die Wörter laut und hake denjenigen der angegebenen Laute ab, der darin vorkommt. Schreibe anschließend die Wörter darunter.

	[ð]	[θ]
1. this and that	○	○
2. three thieves	○	○
3. the same thought	○	○
4. a thousand things	○	○
5. thirty thin trees	○	○

8. Zungenbrecher

Lies die folgenden Zungenbrecher Satz für Satz laut. Entscheide dann, um welchen *th*-Laut es sich jeweils handelt und schreibe die entsprechenden Wörter in die richtige Zeile.

1. This is the same thing as that.

[θ]: ______________________

[ð]: ______________________

2. They always clean the house on Thursdays.

[θ]: ______________________

[ð]: ______________________

3. This is the only thing they can think of.

[θ]: ______________________________

[ð]: ______________________________

4. Our dog Rover runs through thick and thin.

[θ]: ______________________________

[ð]: ______________________________

5. The mother is thankful for her three children.

[θ]: ______________________________

[ð]: ______________________________

9. Lies die folgenden Sätze laut vor und unterstreiche die stimmhaften *s*-Laute rot und die stimmlosen *s*-Laute blau.

This exercise is easy.
Tom's trousers are too small.
Ronny hasn't got a sister.
This isn't our register.
What pleasant houses these are.
Susan always cleans the house on Thursdays.
The girls' skirts are red.
This is the news.

Aussprache und Schreibung

Zusammenfassung

In diesem Kapitel hast du Vokale (Einzelvokale und Diphthonge) sowie Konsonanten des britischen Englisch kennen gelernt. Zusammenfassend werden jetzt nochmals diejenigen Laute hervorgehoben, die im Deutschen nicht oder nur in ähnlicher Form existieren. Übe diese Laute besonders intensiv, denn an ihnen erkennt man eine gute Aussprache.

Einzelvokale:	[ʌ]	hut
	[ə]	another
	[ɜː]	bird
	[ɒ]	pot
	[ɔː]	floor

Diphthonge:	[ɔɪ]	toy
	[əʊ]	no
	[ɪə]	fear
	[eə]	fair
	[ʊə]	tour

besondere Konsonanten:

[θ]	thirty	[dʒ]	jungle
[ð]	there	[ʃ]	shame
[s]	sing	[v]	very
[z]	zoo	[w]	winter
[tʃ]	fetch	[ʒ]	pleasure

weitere Konsonanten:

[p]	apple	[m]	mother
[b]	breakfast	[n]	nothing
[t]	fit	[ŋ]	finger
[d]	window	[r]	red
[k]	key	[l]	look
[g]	ago		

Gemischte Aufgaben

1. Übungsdiktat: Lass dir den folgenden Text diktieren. Wenn das nicht möglich ist, liest du ihn am besten selbst laut vor und schreibst ihn anschließend Satz für Satz in dein Extra-Heft.

This is a really nice day. The weather is beautiful and the three children of the Smith family ask their teacher: "Couldn't you go to the outdoor pool today with all thirty kids?" The teacher thinks for a moment and says to them:
"Well, that's not a bad thing to do, why not? The end of the school year has arrived and there is not much work left." "Hooray!" shout the children and off they go. "This is the best thing we have done in the last few weeks", Sharon Smith says to her brother.

2. Zum Schluss dieses Kapitels möchte dir Felix noch fünf Leute vorstellen, die er während seines letzten Urlaubs in Großbritannien kennen gelernt hat. Ihre Namen sind allerdings nicht ganz einfach auszusprechen. Lies sie zunächst laut vor. Unterstreiche dann diejenigen Vokale, auf die du achten musst, und füge das richtige Lautschriftsymbol hinzu!

Mr Thanwabble: ______________________

Mr Thenwebble: ______________________

Mr Thinwibble: ______________________

Mr Thunwubble: ______________________

Mr Thonwobble: ______________________

2. Groß- und Kleinschreibung

Im Deutschen hast du gelernt, bestimmte Wörter groß- und andere kleinzuschreiben. Im Englischen wird fast alles kleingeschrieben.
Folgende Spielregeln musst du im Englischen beachten:

Regel

Das erst Wort in einem Satz wird – genau wie im Deutschen – immer großgeschrieben.

Beispiele: **H**i, how are you?
Are yo my new neighbour?
Don't shout at me.

Regel

Genauso verhält es sich mit dem ersten Wort in der direkten Rede: Auch hier wird stets großgeschrieben.

Beispiel: "**D**o you think the lesson was interesting?"
Ausnahme: Die wörtliche Rede ist durch ein Komma zweigeteilt:
"**N**o", I answered, "**i**t was very boring!"

Regel

Namen werden immer großgeschrieben.

Diese Regel gilt für Personennamen (a) genauso wie für Orts- und Ländernamen (b), Bezeichnungen für geschichtliche Epochen (c), bestimmte Organisationen (d) sowie Namen von Monaten und Wochentagen (e).

a) Personennamen

Regel

Dazu zählen reine Personennamen wie *Mary Evans* oder *John Smith*, aber auch Familienbezeichnungen wie *Uncle* oder *Grandma*, da diese als Bestandteil des Namens aufgefasst werden. Auch Titel (*Professor, her Majesty*) und Namensbeifügungen (*the Old Hickory*) werden als Anrede großgeschrieben. Das Gleiche gilt für *Mum* und *Dad*.

Auch für Namen, auf die bestimmte Dinge "getauft" sind, gilt diese Regel: Schiffe (*the Spirit of Seven Seas*), Flugzeuge (*the Spirit of St. Louis*), Satelliten (*Sputnik*), Raumfahrzeuge (*Challenger*); genauso wie für Sehenswürdigkeiten (*Big Ben*) und Markennamen (z. B. von Autos).

Schon gewusst?

In der *Spirit of St. Louis* überquerte der amerikanische Flieger Charles Lindbergh 1927 als erster Mensch per Flugzeug den Atlantischen Ozean. Er war bei seinem Alleinflug von New York nach Paris insgesamt 33,5 Stunden unterwegs.

Regel

Namen aus dem religiösen Bereich werden ebenfalls großgeschrieben.

Beispiele: **G**od, **A**llah, **J**ehova, the **H**oly **S**pirit ...

Weitere Beispiele:
Familienbezeichnungen: **A**unt **J**ill und **U**ncle **J**ack
Titel: **Q**ueen **V**ictoria, **P**resident **L**incoln, **M**r and **M**rs **G**reen
Beifügungen zu Namen: **T**he **O**val **O**ffice

Werden Familienbezeichnungen und Titel nicht als Anrede gebraucht, schreibt man sie hingegen immer klein:
This is the president of an African country.
Is this your uncle? Do you know my mum?

b) Orts- und Ländernamen

Regel

Zu dieser Gruppe zählen einerseits die Namen bestimmter Länder (*Great Britain*), andererseits aber auch die Bezeichnung einer Länder- oder Nationalitätenzugehörigkeit (*French, Italian*).

Groß- und Kleinschreibung

Auch andere geografische Bezeichnungen werden großgeschrieben, etwa die einer bestimmten Gegend (*North Carolina, the East Coast*), eines bestimmten Ortes (*Portland, Seventh Avenue,* auch: *Mars, Jupiter*) oder eines Flusses (*the Colorado River*), eines Sees (*Lake Como*), eines Meeres (*The Atlantic Ocean*) oder eines Berges (*the Mount Everest*).

Beachte dabei auch Folgendes: Wenn die Vokabeln *river, lake, ocean* usw. ohne einen Eigennamen im Text vorkommen, werden sie, genau wie die allein stehenden Familienbezeichnungen und Titel, kleingeschrieben.

c) Epochen

Regel

Nicht nur geschichtliche Epochen wie *the Middle Ages* (das Mittelalter) werden großgeschrieben, sondern auch historische Ereignisse wie *World War II* (Zweiter Weltkrieg).

d) Organisationen

Regel

Ebenso verhält es sich mit Organisationen *(Protestant Church)* und Vereinigungen wie the *United Nations;* auch sie schreibt man grundsätzlich groß.

e) Monate und Wochentage

Regel

Alle Wochentage, Monate und Feiertage werden großgeschrieben.

Beispiele: **M**onday, **T**uesday, **W**ednesday, **T**hursday ...
January, **F**ebruary, **M**arch, **A**pril, **M**ay, **J**une, **J**uly, **A**ugust, **S**eptember, **O**ctober, **N**ovember, **D**ecember
Christmas, **E**aster, **I**ndependence **D**ay

Auch die Schlüsselwörter in Buch- und Filmtiteln beginnen mit einem Großbuchstaben. Für Artikel, Präpositionen und Konjunktionen gilt das nur, wenn sie das erste Wort eines Titels darstellen.

1. Fülle die folgende Tabelle mit jeweils 2 Beispielen aus, die du aus deinem Schulbuch oder aus den obigen Regeln kennst.

Personennamen	Peter	Anne
Berge		
Flüsse		
Orte		
Länder		
Meere		
Wochentage		
Monate		
Feiertage		
Planeten		
Buchtitel		
Sehenswürdigkeiten		

2. Unterstreiche alle Wörter im nachfolgenden Text, die großgeschrieben werden müssen, mit roter Farbe.

(Brian spends a couple of days at Northumbria Youth Hostel with his class)
BRIAN'S LETTER TO HIS PARENTS, MR AND MRS BAXTER

THURSDAY MORNING

DEAR MUM AND DAD,
I KNOW YOU ARE WAITING FOR A LETTER FROM ME. WELL, IT'S RAINING TODAY, SO I CAN WRITE TO YOU.
THIS IS A VERY NICE PLACE, BUT IT IS VERY NOISY IN HERE. WENDY IS PLAYING THE GUITAR; SANDRA AND TWO GERMAN GIRLS ARE PLAYING

Groß- und Kleinschreibung

THEIR CD-PLAYERS, AND ROGER IS TELLING STORIES OF "THE CANTERVILLE GHOST". ULI AND HANS ARE PLAYING TABLE-TENNIS. JULIA IS EATING A KIWI WHICH HER AUNT HILLARY BROUGHT FROM NEW ZEALAND. WHAT A NOISE! PEGGY AND DIETER ARE CLEANING THEIR SHOES ON THIS TABLE.
OH, I'M SORRY, I CAN'T GO ON, IT'S TOO NOISY.
WE'RE HAVING LOTS OF FUN. IT'S A PITY BRENDA AND PAUL AREN'T HERE:
LOVE,
BRIAN

3. Erkläre nun kurz anhand der Regeln, die du gelernt hast, warum manche Wörter des obigen Textes großgeschrieben sind. Die angefangene Tabelle hilft dir dabei. Vervollständige sie auf einem eigenen Blatt.

Wort im Text	Begründung
Brian	Personenname
Mr, Mrs Baxter	Anrede + Name

4. Hoppla, hier hat sich der Fehlerteufel eingeschlichen! Kannst du helfen und den Text fehlerfrei in dein Heft übertragen? Wenn du dir nicht sicher bist, dann „spicke“ nochmal vorne bei den Regeln.

What a Day!
one Day my uncle george and i went to a meadow at the Edge of a Forest. It was monday and the Sun was shining. our Dog rocky was following me the whole Time, so i Shouted at Him: "boy, stop hunting and be Quiet, you scare the Other animals!" He stopped fooling around. We were searching for some Flowers. The following day it was mother's day, so I wanted to give my Mother a little surprise. On our Way, my Uncle george told me stories about where he had been in his Life. Some places i even Know, The rocky mountains, the great Plains, los angeles, alabama and even the north pole.
It was so exciting to listen to him, because His adventures were some kind of weird. Once He met a Lion in the Jungle and had to run away from him.
Man, Time passed, so we had to go Home. What a Day!

Zusammenfassung

Im Englischen wird wesentlich mehr kleingeschrieben als im Deutschen.

Ganz klar: **Wir schreiben groß:**
- das erste Wort in einem Satz
- das erste Wort der direkten Rede
- das Personalpronomen *I*

Ebenfalls großzuschreiben ist in folgenden Fällen:

- **Namen:** Mary-Ann
- **als Namen(sersatz):** Mum, Dad
- **Eigennamen:** the Houses of Parliament, the Berlin Wall
- **Geografische Bezeichnungen:** Upper London, West Virginia, Lake Como
- **Wochen-, Feiertage, Monate:** Sunday, All Saints, December
- **Schlüsslwörter bei Buch- und Filmtiteln:** Romeo and Juliet, Harry Potter and the Goblet of Fire
- **Markennamen**
- **Namen von Schiffen und Flugzeugen usw.:** the Spirit of Seven Seas

Achtung!

I went to London with my mum and dad.
Mum, can you please tell me the time?
Uncle William is my favourite aunt's husband.
There is only one US president named Jimmy:
ex-President Jimmy Carter.

Wenn du dir bei der Groß- und Kleinschreibung immer noch nicht ganz sicher bist, blättere noch einmal die gelernten Regeln am Anfang des Kapitels durch. Du wirst sehen, danach sitzt der Stoff im Handumdrehen!

Groß- und Kleinschreibung

Gemischte Aufgabe

Felix erhält eine E-mail von seinem englischen Freund Kevin. Leider hat Kevin weder die Umschalttaste für Groß- und Kleinschreibung noch die Leertaste gefunden. Auch sind lediglich die Satzenden durch den Beginn einer neuen Zeile markiert, aber keine Satzzeichen vorhanden. Schreibe den Text so ab, dass Felix ihn bequem lesen kann und lass ihn dir anschließend diktieren.

Trenne die einzelnen Wörter des „Bandwurmsatzes" zunächst mit Bleistift ab und schreibe dann erst
die Sätze auf.

dear Felix
wehaventhadmuchtimeyetbutletmequicklysendyouthise-mailtoinformyou abouthowthingsaregoing
ourtripfromScotlandwasfineandnowwereinournewhomeinRedding
mydadlikeshisnewjobatthezoo
wewenttthereyesterday
itisverylarge
tomorrowismyfirstdayatalderdayhighschool
iattachtwophotosfromthesummerholidays
itookthefirstphotoonourtriptothehighlandsinscotland
wehadagreatholidaythere
theweatherwassuperallweek
theotherpictureisofourlastdayattheoldhouse
mybrothersandsisterswereverysadandourcatdidntlookveryhappyeither
didyouhaveagoodtimeinitaly
thanksforthecardyousentus
youaskedwhatreddingislike
wellwereverybusywiththenewhouse
theanswerís"Istilldontknow"
youmustcomeforaholidayhereandthenwecanexploreeverythingtogether
lovekevin

3. Short forms (Kurzformen)

Short forms sind ein wichtiger Bestandteil der englischen Umgangssprache. Sie finden sich in vielen Dialogen und Texten in deinem Schulbuch und kommen auch in Diktaten und anderen Prüfungsaufgaben immer wieder vor.
Bei der Übersetzung ins Deutsche gibt es keinerlei Bedeutungsunterschiede zwischen Kurz- und Langform.

Beispiel: **You are** a good dog!
You're a good dog!

Deutsche Übersetzung für beide Sätze: Du bist ein guter Hund!

Regel

Bestimmte Hilfsverben werden in der geprochenen Sprache meist verkürzt und mit dem vorangehenden Wort verbunden. Zu diesen Verben gehören vor allem *be*, *have*, *will* und *would*.

Beispiel: *I'll come* statt *I will come*.

Werden diese Kurzformen oder *short forms* in der geschriebenen Sprache wiedergegeben, so steht an Stelle des fehlenden Buchstabens ein Apostroph.

Regel

Die betreffenden Verben sowie weitere modale Hilfsverben (*can, must, should* ...) werden auch in der Verneinung meistens verkürzt, indem man sie mit dem zu *n't* verkürzten Wörtchen *not* verbindet.

Beispiel: Mary is ill, she *can't* come.

Short forms (Kurzformen)

3.1 Die Verben be, have, will und would

Das Verb *be*:

Langform	Kurzform
I am	I'm
you are	you're
he is	he's
she is	she's
it is	it's
we are	we're
you are	you're
they are	they're

Beispiele: **I'm** so tired. **You're** so beautiful. **She's** good at English **They're** nice.

Verneinung

Langform	Kurzform
I am not	I'm not
you/we/they are not	you/we/they aren't
he/she/it is not	he/she/it isn't

Das Verb *have*:

Langform	Kurzform
I have	I've
you have	you've
he/she/it has	he's/she's/it's
we have	we've
you have	you've
they have	they've

Beispiele: **I've** got a sister. **She's** got a nice shirt.
You've eaten a lot. **They've** got a pet.

Verneinung

Langform	Kurzform
I have not	I haven't
you have not	you haven't
he/she/it has not	he/she/it hasn't
we have not	we haven't
you have not	you haven't
they have not	they haven't

Das Verb *will*:

Regel

Bei *will*, das die Zukunft ausdrückt, wird als Kurzform *'ll* an das Pronomen angehängt.

Langform	Kurzform
I will	I'll
you will	you'll
he/she/it will	he'll/she'll/it'll
we will	we'll
you will	you'll
they will	they'll

Beispiele: I'**ll** call him tomorrow.
They'**ll** write you a letter.

Regel

Die Verneinung zu *will* wird immer mit *won't* gebildet.

Beispiele: I **won't** call him tomorrow.
You **won't** regret it.

Short forms (Kurzformen)

Das Verb *would*:

Langform	Kurzform
I would	I'd
you would	you'd
he/she/it would	he'd/she'd/it'd
we would	we'd
you would	you'd
they would	they'd

Beispiele: I'**d** prefer tea.
We'**d** be so proud.

Regel

Die Verneinung von *would* wird in Form von *wouldn't* gebildet.

Beispiele: I **wouldn't** be so proud.
She **wouldn't** like that idea.

Andere Hilfsverben:

bejaht	verneint	
	Langform	**Kurzform**
must	must not	mustn't (darf nicht)
need	need not	needn't (braucht nicht)
can	cannot	can't (kann nicht)
could	could not	couldn't (könnte nicht)
should	should not	shouldn't (sollte nicht)

Nicht vergessen, im Kopf und am Computer gilt: speichern, speichern, speichern! Also, wie war das noch mal?

cannot	wird zu *can't*	(kann nicht)
will not	wird zu *won't*	(wird nicht)

**1. Schreibe die nächsten beiden Texte als Diktat.
Sie sind unterschiedlich schwer. Der erste sollte dir kaum Schwierigkeiten bereiten.**

a) The way to Kendal Road

Paul:	Come to my birthday party on Saturday. I live at 32, Kendal Road. Come at three o'clock.
Brian and Brenda:	Oh, great. Thanks.

On Saturday:

Brenda:	Excuse me. Can you tell us the way to Kendal Road, please?
Mr Jones:	Is it near Kendal Square?
Brian:	We don't know.
Mr Jones:	Jack, what's the way to Kendal Road?
Jack:	Kendal Road?
Mr Jones:	I think it's near Kendal Square.
Jack:	Oh, Kendal Square. That's near the station. You take a number 21 bus. Or is it a number 22? – Meg, is it a 21 bus or a 22 to the station?
Meg:	I always take the green bus. Number 15 A.
Brian and Brenda:	Why don't we ask Paul, he's over there!
Brenda:	Hey, Paul! We can't find Kendal Road.
Paul:	It's here.
Brenda:	Oh, is it this road? But where's the name?
Paul:	Behind this tree. Come on.

Notiere hier die Wörter, die dir Probleme bereitet haben:

Short forms (Kurzformen)

b) Kurzformen

Joe's eleven years old. It's his birthday today, the 7th March. He'll meet his friends in the evening, they'll visit him at six o'clock.
"Don't you want to eat something?" his mother asks him. But Joe's too excited to eat. It's 11 o' clock in the morning. Joe's tired, but he can't sleep anymore.
"What would you like to do today?" his father asks. But Joe doesn't know what he'd like to do. "You want to get your presents, don't you?"
"Presents!!!! That's a good idea!" Joe screams.
There's a computer game and a new pullover, a book and a new pencil-case. Nice presents, but Joe is disappointed.
"That's all?" Joe thinks. But he doesn't say it. "Thank you!" he says to his parents and tries to smile.
"Let's go into the garden and eat a piece of cake there!" his father says.
Joe walks into the garden with his father. And then he sees it:
"A new bicycle!!!!" Joe screams and laughs and jumps up and down.
His parents laugh. "That's what I wanted! Oh thank you, thank you ..."
"Wouldn't you like to ride your bike?" "I'd love to ride it."
"Ok, then we'll make a bicycle-tour. But don't forget to eat something before we go."

Alles richtig geschrieben? Notiere hier deine Problemwörter, also auch diejenigen, bei denen du etwas gezögert hast.

Solle deine Fehlerliste länger sein als die vorgegebenen Zeilen, nimm dein Merkheft zur Hand und notiere an drei Tagen hintereinander deine Fehler. Mach zwei Tage Pause und lasse dir die Texte unter 1. a. und b. erneut diktieren. Du wirst sehen, die Fehler werden immer weniger.

2. Schreibe folgenden Text einmal mit den Langformen und ein zweites Mal mit den Kurzformen von *to be*. Lass ihn dir anschließend diktieren.

What a lesson!
The teacher ____________ talking to Brenda and Julia. They ____________ looking at a poster. Roger ____________ drawing Nessie in his exercise-book. Sandra ____________ knitting. Keith ____________ reading his comics. Hazel ____________ playing with her ruler. I ____________ doing my homework. What a lesson!

3. Und noch ein Diktat zum Üben ...

We're twins!
Hello. I'm Stanley. This is my brother Steve. We're twins. We're from Birmingham. We've got the same hobby. It's boxing. Our father's a dentist, our mother's a nurse.
We've got a dog and a cat. This is our dog. Her name's Hetty. She's four. And this is our cat. His name is Tommy. He's not very old. Hetty and Tommy are good friends.
Steve and I are at the same school. We're in the same class. Our class is in room 34. We've got sixteen boys and seventeen girls in our class. Our German teacher is Mr Miller. He's very nice.

Schon gewusst?

Bei uns wünscht man vor dem Essen „Guten Appetit!“. In Großbritannien ist das nicht üblich, obwahl hier die galanten Gentlemen zu Hause sind. In besseren Kreisen verwendet man den französischen Ausdruck "Bon appétit!".
Normalerweise fangen die Briten gleich zu essen an. Das gilt aber nicht als unhöflich. Eine Bedienung sagt manchmal beim Servieren des Essens im Lokal **"Enjoy your meal!"** (wörtlich: „Genießen Sie Ihre Mahlzeit!“) oder einfach **"Enjoy!"**. Die Antwort ist dann **"Thank you"**.

Short forms (Kurzformen)

3.2 Question tags (Frageanhängsel)

In der gesprochenen Sprache hört man im Deutschen häufig Formulierungen wie *nicht, gell, oder* usw. Im Englischen wird Entsprechendes durch eine spezielle Kombination aus Hilfsverb + Personalpronomen ausgedrückt. Wenn im Aussagesatz kein Hilfsverb steht, benutzt man eine Form von *to do*.

Regel

Ist der Aussagesatz bejaht, ist das *question tag* verneint.

Beispiele:

Peter is very good at school, ***isn't he?***
Peter ist sehr gut in der Schule, **nicht wahr?**

Richie was an excellent cricket player, ***wasn't he?***
Richie war ein super Cricketspieler, **oder?**

Regel

Ist der Aussagesatz verneint, ist das *question tag* bejaht.

Beispiele:

Tina ***isn't*** *working,* ***is she?***
Tina arbeitet nicht, **stimmt's/oder?**

You ***have*** *never* ***seen*** *her before,* ***have you?***
Du hast sie noch nir zuvor gesehen, **stimmt's?**

The shop ***doesn't*** *sell CDs,* ***does it?***
In dem Geschäft gibt es keine CD's, **oder?**

Schon gewusst?

Anstelle von *It's easy* sagen die Engländer oft *It's a peace of cake* oder *It's easy-peasy*.

4. Wähle die passende Antwort aus und gib den entsprechenden Buchstaben an.

1. We have had a wonderful day at the beach, _______?
a. haven't we, b. didn't we, c. wouldn't we

2. The plane tickets aren't too expensive, _______?
a. didn't they, b. are they, c. aren't they

3. There are delays at the airport, _______?
a. wasn't there, b. aren't there, c. weren't there

4. He has already gone to the train station, _______?
a. wasn't he, b. haven't he, c. hasn't he

5. We have all the tickets, _______?
a. don't we, b. haven't he, c. haven't we

6. This is the right platform, _______?
a. isn't it, b. hasn't it, c. wasn't it

7. We should not go on such an expensive trip, _______?
a. didn't we, b. wouldn't we, c. should we

8. It is nice to walk through the woods, _______?
a. hadn't it, b. wasn't it, c. isn't it

Achte bei dieser Übung genau auf die formalen Vorgaben:
- Zeit im Aussagesatz = Zeit im *question tag*
- Singular oder Plural im Aussagesatz = Singular oder Plural im *question tag*
- Bejahter Aussagesatz = verneint im *question tag*
- Verneinter Aussagesatz = bejaht im *question tag*

Short forms (Kurzformen)

3.3 Das s am Wortende (short form, s-Genitiv und let's)

Short form

Hört man nur ein Substantiv oder Pronomen + *s*, so kann man nicht sofort unterscheiden, ob es sich um eine Kurzform oder einen *s*-Genitiv handelt. Der Satzzusammenhang hilft in aller Regel, dies eindeutig zu entscheiden.

Regel

Folgt auf das angehängte *s* eine Verbform (häufig *-ing, -ed*), ein Adjektiv, ein Artikel bzw. ein Possessivbegleiter + Substantiv oder ein Personalpronomen, so handelt es sich um eine Kurzform.

Beispiele: Gina**'s doing** Tom's homework.
Gina**'s nice**. Gina**'s my sister**. That**'s me**.

***s*-Genitiv**

Regel

Folgt auf das angehängte *s* ein Substantiv, das zusätzlich durch andere Adjektive (im unteren Beispiel *shy, black*) näher bestimmt sein kann, so handelt es sich um einen *s*-Genitiv.

Der s-Genitiv wird verwendet, um eine Zugehörigkeit auszudrücken.
Im Singular wird er gebildet, indem man an das betreffende Substantiv einen Apostroph und ein *s* anhängt.
Im Plural ist ja bereits ein s am Wortende vorhanden, sodass man den Genitiv nur noch durch Apostroph zu kennzeichnen braucht.
Die Zugehörigkeit kann allerdings auch durch die so genannte *of*-Form ausgedrückt werden.

Beispiele: Tom**'s** cat is grey. (Tom has a cat. She is grey.)
Tom**'s** (shy black) cat is grey.
The (shy black) cat **of** Tom is grey.

Im nächsten Kapitel wirst du diesem Stoff beim Thema „Substantiv" nochmals begegnen.

Sonderform *let's* (= let us)

Du hast weiter oben gelernt, dass es sich immer um eine Kurzform handelt, wenn auf ein anhängendes *s* eine Verbform folgt. Dies ist auch bei *let's* der Fall, auch wenn das *s* kein Verb, sondern ein Pronomen – nämlich *us* – verkürzt.

Regel

Man verwendet *let's*, wenn man vorschlägt oder auffordert etwas zu tun:
***Let us* + Infinitiv = *Let's* + Infinitiv**

Beispiele: **Let's** go to the beach.
Let's watch "Pop Idol" on TV.

Regel

Bei der Verneinung gilt:
***Let us not* + Infinitiv = *Let's not* + Infinitiv**

Beispiele: **Let's** not go over there.
Let's not make mistakes.

Kurzformen sind ein wesentlicher Bestandteil der englischen Sprache. Achte beim Diktat ganz genau darauf, wie der Lehrer die Formen ausspricht. So kannst du erkennen, ob du eine short oder eine long form schreiben musst.

Schon gewusst?

Auch in England gibt es eine Sendung, bei der Jugendliche einer Jury Pop-Songs vorsingen, um zum „Superstar" gekürt zu werden. Sie trägt den Titel *Pop Idol*. Doch England hat auch früher schon Popstars hervorgebracht, die auf der ganzen Welt berühmt wurden und es heute noch sind, wie beispielsweise die Beatles.

Short forms (Kurzformen)

5. Gib an, ob es sich bei folgenden Sätzen um einen *s*-Genitiv, eine Kurzform oder einen Possessivbegleiter handelt.
Bilde bei den Kurzformen jeweils die dazugehörige Langform und schreibe sie in die darunter stehende Zeile.

1. He's washing the car.

___

2. His car is blue.

___

3. It's my dog.

___

4. It's not in its basket.

___

5. Jenny's parents are nice.

___

6. Jenny's a good daughter.

___

7. They're swimming.

___

8. Their swimming pool is big.

___

6. Lass dir die Sätze aus Übung 5 diktieren und achte genau darauf, welche Bedeutung sie haben.
Notiere alle Fehler in dein Merkheft und schreibe die betreffenden Wörter jeweils dreimal!

7. Übersetze den folgenden Text. Verwende dafür die neu gelernten Kurzformen. Die fett gedruckten Wörter weisen auf solche Kurzformen hin. Die kursiv gedruckten Wörter kannst du bei der Übersetzung ruhig weglassen.
Und denk daran: Du musst nicht alles wortwörtlich übersetzen!

Der heimliche Zuhörer

Morgen **werden wir** in die Stadt fahren, um einkaufen zu gehen. Meine Schwester wird mit meiner Mutter und mir gehen. **Sie ist** 13 Jahre alt. **Wir werden** neue Schuhe für mich kaufen. **Ich hätte** gern blaue Schuhe.
Wir werden morgen früh aufstehen. Meiner Schwester **gefällt das** (to like) **nicht.** Deshalb **ist sie** wütend.
Ich verstecke (hide) mich hinter der Treppe, um zu hören, worüber meine Mutter und meine Schwester reden. **Sie sitzen** in der Küche (kitchen). Meine Schwester schreit:
„**Wir werden** den ganzen Tag in der Stadt verbringen, (spend) **oder nicht**? Wieso **können wir** dann **nicht** *erst* später fahren?" Aber Mama antwortet:
„**Du brauchst nicht** mit uns mitzufahren, wenn dir das zu früh ist. **Wir werden** auf alle Fälle **nicht** später fahren! **Wir würden** dann auch *erst* später heimkommen. Und dein **Bruder muss** (has got to) auch früh ins Bett gehen."
„Nein! **Das ist nicht** fair!", schreie ich, „**Ich bin** *doch* kein Baby!"
„**Du hast** uns *doch* **nicht** zugehört, oder?", fragt mich Mama.
„Nein, ich **konnte nichts** (anything) hören!"
„Du lügst!", schreit meine Schwester. „Nein!"
„**Musst du nicht** Hausaufgaben machen?"
Ich gehe, aber **ich würde lieber** (bevorzugen = to prefer) *weiter* zuhören, über was sie reden.

8. Vergleiche jetzt deine Übersetzung mit der Musterlösung und lasse dir dann die korrigierte Übersetzung oder die Musterlösung in dein Extra-Heft diktieren!

Short forms (Kurzformen)

Zusammenfassung

Short forms sind ein wesentlicher Bestandteil der gesprochenen englischen Sprache. Sie tauchen bei bestimmten Verben gehäuft auf:

be: I'm, you're, he's, we're, you're, they're
→ Kurzform
I'm not, you aren't, he isn't, we aren't, you aren't, they aren't
→ Verneinung

have: I've, you've, he's, we've, you've, they've
→ Kurzform
I haven't, you haven't, he hasn't, we haven't, you haven't ...
→ Verneinung

will: I'll, you'll, he'll, we'll, you'll, they'll
→ Kurzform
I won't, you won't, he won't ...
→ Verneinung

would: I'd, you'd, he'd, we'd, you'd, they'd
→ Kurzform
I wouldn't, you wouldn't, he wouldn't ...
→ Verneinung

Short forms mit Fragewörtern: what's, when's, who's, how's, where's

Sonderform: let's = let us

s-Genitiv: This is Mary's book.

Question tags:
Formulierungen wie z. B. *nicht wahr, gell, oder* werden im Englischen als Kurzsätze mit einem Hilfsverb + Personalpronomen gebildet. Wenn im Aussagesatz kein Hilfsverb steht, benutzt man eine Form von *to do*.

Gemischte Aufgaben

1. Bilde *question tags.*

1. Dennis Cooper learns French at school, ____________________?

2. Dennis has always liked pop music, ____________________?

3. His sister Diana likes it, too, ____________________?

4. Dennis is 24 now. But he has never been to a youth hostel, ____________________

____________________?

5. Dennis is already married, ____________________?

6. We know where the Coopers live, ____________________?

7. Jack is the name of Dennis' granddad, ____________________?

2. Lass dir folgenden Text diktieren.

The weather's not good today. The children can't play in the garden and they can't ride their bikes. Richie and Angela and their friends are in Angela's room. They're playing pop music. Richie's got two sticks and two big saucepans. Albert plays the guitar. They're making a terrible noise. Mr and Mrs Catliff are in the house. They can hear everything. Mr Catliff can't even read the newspaper.

Dad:	"Who's making this terrible noise? Please stop it!"
Angela:	"It's no noise, we're playing pop music."
Dad:	"Well, mum can't read her book, I can't read the paper and all our pets have got a shock. Why don't you stop and have some icecream with us?
Angela:	"What a fantastic idea, Dad. Let's go!"

4. Substantive, Verben, Adjektive und Adverben

4.1 Substantive

Regelmäßige Bildung mit *-s*

Während im Deutschen mehrere Varianten von Pluralformen existieren, gibt es hiermit in der englischen Sprache fast keine Probleme:
Meist wird im Plural nur ein *-s* angehängt.
Lediglich die Aussprache variiert in Abhängigkeit von dem Laut, der dem Plural-*s* vorangeht:

Regel

cat – cats	[s]	**nach *p, t, k***
store – stores	[z]	**nach Vokalen und nach *b, d, g, l, m, n***

Beispiele: [s]: dentists, maps, books
[z]: boys, balls, friends

Drei weitere wichtige Bildungsregeln

Neben der Bildung nach dem obigen Schema gibt es noch drei weitere Regeln für die Bildung des Plurals:

Regel

Endet ein Wort auf einen Zischlaut wie *-s* ([s]), *-ss* ([s]), *-sh* ([ʃ]), *-ch* ([tʃ]) oder *-x* ([ks]), dann wird im Plural *-es* ([ɪz]) angehängt.

Beispiele:

cross	–	crosses	[ɪz]
church	–	churches	[ɪz]
box	–	boxes	[ɪz]

Regel

Endet ein Wort auf *-f* [f] oder *-fe* [f], dann wird im Plural die Endung *-ves* ([vz]) angehängt.

Beispiele:	shelf	–	shelves	[vz]
	knife	–	knives	[vz]
	leaf	–	leaves	[vz]

Regel

Endet ein Wort mit einem Konsonanten + *-y*, wird im Plural das *-y* durch *-i* + *-es* ([ɪz]) ersetzt. Steht hingegen am Wortende Vokal + *-y*, dann bleibt das *-y* erhalten und es wird nur ein Plural-*s* angehängt.

Beispiele:	story	–	stories	[ɪz]
	puppy	–	puppies	[ɪz]
Aber:	boy	–	boys	
	day	–	days	

Pluralwörter

Ein Spezialfall sind so genannte Pluralwörter. Dies sind Wörter, die ausschließlich im Plural vorkommen können.

Dem Englischen liegt bei vielen Wörtern eine andere Vorstellung zu Grunde als dem Deutschen: Wenn man z. B. von einer Hose, einer Schere oder einer Brille spricht, haben Sprecher des Englischen die zwei Hosenbeine, die beiden Scherenteile bzw. die zwei Brillengläser als feste Bestandteile einer Einheit im Kopf. Alle diese Substantive erscheinen daher immer zusammen mit der Pluralform des Verbs.

Beispiele: *Andy's* ***pyjamas are*** *too small.*
Andys **Schlafanzug ist** *zu klein.*
Jane's ***glasses are*** *broken.*
Janes **Brille ist** kaputt.
Tom's ***scissors are*** *on the desk.*
Toms **Schere liegt** auf dem Schreibtisch.

Substantive, Verben, Adjektive und Adverben

Hier findest du die wichtigsten Pluralwörter des Englischen:

binoculars	Fernglas
glasses	Brille
goggles	Taucherbrille
jeans	Jeans
pants	Unterhose/Hose
pyjamas	Schlafanzug
scales	Waage
scissors	Schere
surroundings	Umgebung
swimming trunks	Badehose
tights	Strumpfhose
trousers	Hose

Wenn du in einem guten Englisch-Wörterbuch nachschaust, wirst du dort bei jedem Eintrag eines Substantivs die dazugehörige Pluralform angegeben finden. Handelt es sich um ein Wort, das nur im Plural vorkommt, so ist dies meist durch die Abkürzung *Pl* gekennzeichnet, die unmittelbar nach dem Substantiv steht.
Oft ist auch ein Beispielsatz angegeben, der zusätzlich verdeutlicht, dass das Wort nur im Plural und auch nur in Kombination mit der Pluralform des Verbs im Satz verwendet werden kann:
*These **trousers are** dirty.*

Daneben gibt es übrigens auch Wörter, die nur im Singular vorkommen. Diese solltest du dir gut einprägen.

Beispiele: *furniture* (Möbel)
cheese (Käse)
gold (Gold)
hair (Haare)
→ *Her hair is red.*

Der *s*-Genitiv

Der *s*-Genitiv zeigt an, zu wem etwas oder jemand gehört.
Der *s*-Genitiv kann sowohl im Singular als auch im Plural stehen. Ersatzweise kann der *s*-Genitiv auch durch die *of*-Form ausgedrückt werden.

Regel

Wenn es sich um *eine* Person (Singular) handelt, bei der ein Besitzverhältnis angezeigt wird, so hängt man *'s* an die Singularform an.

Beispiele: Mary has a bag. It is very heavy.
Mary'**s** bag is very heavy.
The bag **of** Mary is very heavy.

Regel

Handelt es sich im Plural um *mehrere* Personen, so wird nur ein Apostroph abgehängt.

Beispiele: The Millers have a house. It burned down.
The Miller**s'** house burned down.
The house **of** the Millers burned down.

Regel

An Pluralformen ohne *-s* wird allerdings, wie im Singular, Apostroph und *-s* angehängt!

Beispiel: The children'**s** toys are all broken.

Der *s*-Genitiv wird schriftlich mit *'s* oder *s'* wiedergegeben.
Die Aussprache variiert zwischen [s] und [z] in Abhängigkeit vom vorangehenden Laut:
[s] nach stimmlosen Konsonanten (p, t, k)
[z] nach stimmhaften Konsonanten (b, d, g, l, m, n, v) und Vokalen
Auf Zischlaut folgt hingegen [ɪz]: z. B. Chris's = [krɪsɪz]

Substantive, Verben, Adjektive und Adverben

1. In der folgenden Übung kannst du dein neues Wissen gleich ausprobieren. Notiere jeweils den Plural rechts neben die Singularform bzw. den Singular links neben die Pluralform.

________	computers	party	________
delay	________	________	wolves
________	thieves	theory	________
friend	________	mystery	________
story	________	energy	________
country	________	________	trousers
________	discoveries	display	________
fox	________	________	cities
________	scissors	bus	________

2. Versuche zehn bis vierzehn der Wörter aus Übung 1 in einer Fantasiegeschichte unterzubringen! Lass deiner Fantasie dabei freien Lauf! Wechsle ab zwischen Substantiven im Singular und im Plural. Lass die Geschichte dann von einem Mitschüler, deinen Eltern oder Geschwistern korrigieren und schreibe sie anschließend als Übungsdiktat.

Wenn es dir nicht so leicht fällt, eine Geschichte zu erfinden, nimm den Text im Lösungsteil als Grundlage oder Anregung. Vielleicht findest du aber auch in deinem Schulbuch einige Geschichten, die du als Muster für deine eigene Geschichte verwenden kannst.

3a) Setze die in Klammern angegebenen Substantive in den Plural.

A very different day

Susan wanted to do something different. Different from yesterday, different from all the other (day) ____________.
When she got out of bed, she packed her ____________ (suitcase) and took the next train to visit different (city) ____________.
As she was very shy, it was very unusual for her to talk to the (guy) ____________ at the train station.
One of them wanted to visit different ____________ (town), too. So they decided to do the trip together. They had found that they had a few (hobby) ____________ in common. As it was a spontaneous decision, they hadn't talked to their (family) ____________ and went on to discover the world.

3b) Lass dir nun den ganzen Text diktieren.

Vergiss nicht, die Wörter, die du in dein Merkheft eingetragen hast, regelmäßig zu wiederholen. Schreibe sie ab und lasse sie dir anschließend diktieren. Markiere in einem weiteren Schritt diejenigen Wörter, die du immer noch nicht richtig geschrieben hast oder bei denen du dir unsicher warst. Du wirst sehen, die Fehleranzahl wird geringer, wenn du regelmäßig übst.

4. Setze die Substantive in den Plural und ordne sie den Aussprachesymbolen zu.

boy, flat, class, shop, cage, exercise, girl, town, book

[s]	[z]	[ɪz]
____________	____________	____________
____________	____________	____________
____________	____________	____________

Substantive, Verben, Adjektive und Adverben

5. Setze ' oder 's ein.

Paul___ parents decided to take him to the zoo today, but the Jones___ car doesn't work. So they call a good friend who is a mechanic. The mechanic___ name is Steve. Steve___ biggest wish is to see a very rare animal, so they invite him to join them. All the mechanic___ colleagues are jealous because their boss allows Steve to go. Paul___ friends___ mother also allows her son to visit the zoo with the Jones. His name is John. John___ father once bought a tortoise (Schildkröte) for his son. That was when John started to love animals. The Jones___ children always laugh at him because of that. John watches the animals___ behaviour.

6. Schreibe die Sätze in Übung 5. zusammenhängend als Diktat in dein Extra-Heft.

7. Verwende bei den folgenden Angaben jeweils den *s*-Genitiv im Singular oder Plural

Beispiel: Mark – friend → Mark's friend

1. Charlie – football: ____________________

2. Mr Thorp – class: ____________________

3. the boys – hobby: ____________________

4. Sandra – book: ____________________

5. the drivers – taxis: ____________________

6. Archie – pencil: ____________________

7. children – shoes: ____________________

4.2 Verben

Die 3. Person Singular im *simple present*

Regel

Das *simple present* wird in der dritten Person meist durch Anfügen von *-s* an den Infinitiv gebildet. Dieses *-s* wird jedoch manchmal stimmhaft, manchmal aber auch stimmlos gesprochen:
[s] **nach p, t, k** [z] **nach b, d, g, l, m, n, v und nach Vokal**

Beispiele: [s] Ann wor**ks** a lot to afford candy.
[z] Sue boi**ls** an egg every evening.

Es gibt allerdings zwei Gruppen von Verben, bei denen man hinsichtlich der Schreibweise etwas genauer aufpassen muss:

Regel

Bei Verben, deren Infinitiv auf einen Zischlaut endet, also auf [s], [tʃ], [dʒ], **und** [ʒ], **muss man *-es* anhängen, um die 3. Person im *simple present* zu bilden. Man spricht dann** [ɪz].

Beispiele: Max miss**es** his dead hamster.
Roy wat**ches** every football match.

Ist bereits ein *-e* vorhanden, das nicht gesprochen wird, dann wird immer nur ein *-s* und nicht *-es* angehängt, weil sonst zwei *-e* aufeinanderteffen würden; z. B.: to judge – he/she/it judg – e – s
→ *Peter judg**es** everybody according to his accent.*

Regel

Bei der Endung Konsonant + *-y* wird das *y* in *-i* umgewandelt und die Endung *-es* angehängt.

Beispiel: to fly: Paul's bird fl**ies** outside and always comes back.

Achtung: Das *simple present* von *do* und *go* ist *does* und *goes*.

Substantive, Verben, Adjektive und Adverben

Die *ing*-Form beim *present progressive*

Regel

Bei den meisten Verben wird das *present progressive* gebildet, indem die Endung *-ing* einfach an die Infinitivform des Verbs angehängt wird. Das gilt auch für Verben, die auf *-y* enden.

Beispiele: Liz is dr**ying** her hair.
Kevin is hurr**ying** to school.

Regel

Endet ein Verb auf ein *-e*, das nicht ausgesprochen wird, dann fällt dieses *-e* beim Anhängen der Endung *-ing* weg.

Beispiel: drive → driv + -ing = driving
Dad is dri**ving** his new car.

Regel

Verben, die auf einen betonten Konsonanten (besonders *-t, -g, -l*) enden, verdoppeln diesen letzten Konsonanten.

Beispiel: to sit → sit- + -t- + -ing
Anne is sit**ting** in the living room.

Regel

Endet ein Verb auf *-ie*, dann wird das *-ie* beim Anhängen der Endung *-ing* zu *-y*.

Beispiel: to lie → l- + -y- + -ing
Yesterday Tom was **lying** in the sun for a long time.

Beachte, dass es Verben gibt, die keine *ing*-Form bilden können, wie beispielsweise *love* oder *hate*.

Das *simple past*

Regel

Bei regelmäßigen Verben wird an die Form des Infinitivs einfach die Endung *-ed* angehängt. Lediglich die Aussprache ist unterschiedlich, je nachdem, welcher Laut der Endung vorangeht.

Beispiele:	to watch	wa**tched** [tʃt]
	to listen	liste**ned** [nd]
	to need	nee**ded** [dɪd]

[t]	nach stimmlosen Konsonanten (p, f, k, sh, tch, s)
[d]	nach stimmhaften Konsonanten (b, g, m, n, v, z) sowie nach Vokal
[ɪd]	nach d und t

Sonderfälle bei der Schreibung:

1. Nach einem einzelnen betonten Vokal wird ein einzelner Endkonsonant verdoppelt (p, b, t, d, g, m, n).

Beispiele:	to stop	→	stop + p + ed	=	sto**pped**
	to plan	→	plan + n + ed	=	pla**nned**

2. Ein *-e*, das nicht gesprochen wird, fällt nach einem Konsonanten weg.

Beispiele:	to arrive	arriv + ed	=	arri**ved**
	to move	mov + ed	=	mo**ved**
	to decide	decid + ed	=	deci**ded**
	to use	us + ed	=	u**sed**

3. Endet ein Verb auf Konsonant + *-y*, so wird *-y* vor *-ed* zu *-i*.

Beispiele:	to try	tr**ied**
	to carry	carr**ied**
	to cry	cr**ied**
	to worry	worr**ied**

Substantive, Verben, Adjektive und Adverben

8. Vervollständige die Tabelle

Infinitiv	3. Pers. Sing. Präs.	Letzter Laut des Infinitivs	Aussprache der Endung
1. to like	he likes	stimmloser Konsonant *k*	[s]
2. to hide			
3. to write			
4. to watch			
5. to sleep			
6. to need			
7. to come			
8. to tell			
9. to turn			
10. to look			

9. Bilde von folgenden Infinitiven die *past tense*-Formen und ordne sie nach der jeweiligen Aussprache der Endung *-ed* den einzelnen Symbolen zu:

to show, to look, to need, to help, to clean, to act, to count, to wait, to watch, to wash, to play, to climb, to laugh, to start, to plan

[t]	[d]	[ɪd]
____________	____________	____________
____________	____________	____________
____________	____________	____________
____________	____________	____________
____________	____________	____________

10. a. Setze die richtige *-ing*-Form ein. Gib außerdem bei jedem Satz an, nach welcher Regel die *-ing*-Form gebildet wird.

What are all those people doing right now?

1. Andrew *(to make muffins)*

____

2. You *(to cut the grass)*

____

3. Simon *(to write a letter)*

____

4. We *(to swap things)*

____

Substantive, Verben, Adjektive und Adverben

5. Kathy *(to dance with Bob)*

6. Jack *(to save money)*

7. I *(to run home)*

8. My mother *(to take a shower)*

9. Dave *(to swim in the lake)*

10. Dad *(to ride the bike)*

b. Schreibe die Sätze nach dem Vergleich mit der Musterlösung als zusammenhängendes Diktat und setze die Frage "What are all those people doing right now?" als Überschrift!

11. Von welchen Wörtern ist das *e* abgefallen? Verbinde das *e* mit den entsprechenden Verben und schreibe diese in die unten stehende Zeile.

phon

com

discover

answer e

decid

danc

12. Fülle die Lücken mit den richtigen Verbformen im *simple past*.

A visit to the zoo

David comes back home from a trip to the zoo. His dad is still in the office and he rings him up:

Dad: Hello, David. Did you like the zoo?

David: Yes, I did. I __________ (to see) so many animals. It was fantastic!

Dad: What __________ (to do) you see?

David: Well, we __________ (to meet) at the entrance. Our teacher __________ (to ask) about everything there and they __________ (to give) him a drawing of the zoo. Then we __________ (to see) the lions. They __________ (to be) in a big cage near the information centre.

Dad: And what about the tigers?

David: We __________ (to go) there too, of course! They __________ (to bc) in the next cage. And then __________ (to come) the polar bears.

Dad: Oh, so they've __________ (to put) the polar bears and the big cats together?

David: That's right. And soon afterwards I __________ (to hear) the elephant.

Dad: Is there only one? Are you sure?

David: It's a she. I think she's African. But what I __________ (to like) best __________ (to be) the monkeys. I __________ (to watch) them for a long time. They __________ (to climb) and __________ (to jump) around in the trees. They've got a tree house, too. I __________ (to love) watching them!

Dad: I prefer the kangaroos, they make less noise!

David: I __________ (to find) them boring, they just __________ (to sit) under the trees all the time.
But why don't we go to the zoo next Saturday or Sunday, Mum, you and little Joanna?

Dad: Great idea, I'm looking forward to it, David.

13. Schreibe das Telefongespräch jetzt als Diktat in dein Extra-Heft.

Substantive, Verben, Adjektive und Adverben

4.3 Adjektive

Wie du bereits aus dem Deutschunterricht weißt, kann man Adjektive steigern – das Gleiche gilt auch im Englischen.

Regel

Bei allen einsilbigen Adjektiven wird im Komparativ (1. Steigerungsstufe) die Endung *-er* und im Superlativ (2. Steigerungsstufe) die Endung *-est* angehängt.
Dasselbe gilt für alle zweisilbigen Adjektive, die auf *-y* enden oder auf der 2. Silbe betont sind. Bei den Adjektiven auf *-y* wird allerdings bei der Steigerung aus dem *-y* ein *-i*.

Beispiele:			
	short	short**er**	short**est**
	silly	silli**er**	silli**est**
	polite	polit**er**	polit**est**

Regel

Ein- und zweisilbige Adjektive auf *-e* (stummes *-e*) verlieren bei der Steigerung das abschließende *e* und es wird dann ganz normal *-er* und *-est* angehängt.

Beispiele:			
	fine	fin**er**	fin**est**
	nice	nic**er**	nic**est**
	simple	simpl**er**	simpl**est**

Regel

Manche Adjektive verdoppeln den letzten einzelnen konsonantischen Laut (meist *g, n, d* oder *t*).

Beispiele:			
	big	- bi**gg**er	- bi**gg**est
	thin	- thi**nn**er	- thi**nn**est
	flat	- fla**tt**er	- fla**tt**est

Achtung: Keine Verdoppelung erfolgt beispielsweise bei *short* – *short**er*** – *short**est***, weil am Ende zwei Konsonanten stehen.

Für Adjektive mit drei oder mehr Silben sowie für alle zweisilbigen Adjektive, die auf der ersten Silbe betont sind und nicht auf -y enden, gibt es keine eigenen Steigerungsformen. Sie werden gesteigert, indem man beim Komparativ more und beim Superlativ most davor setzt.

Beispiele:	terrible	**more** terrible	**most** terrible
	interesting	**more** interesting	**most** interesting
	careful	**more** careful	**most** careful
	famous	**more** famous	**most** famous

ES HILFT NICHTS, DIE FOLGENDEN STEIGERUNGSFORMEN MUSS ICH WOHL EINFACH AUSWENDIG LERNEN!

good	**better**	**best**
gut	besser	am besten
bad	**worse**	**worst**
schlecht	schlechter	am schlechtesten
little	**less**	**least**
wenig	weniger	am wenigsten
little	**smaller**	**smallest**
klein	kleiner	am kleinsten

Substantive, Verben, Adjektive und Adverben

14. Bilde Vergleiche anhand folgender Vorgaben:

1. I	<	Jack	<	Alan (lazy)
2. eggs	<	books	<	bikes (expensive)
3. puncture	<	car accident	<	plane crash (bad)
4. summer	<	spring	<	winter (cold)

Beispiel: Jack is lazier than I. Alan is the laziest.

15. Setze jeweils den Superlativ ein!

1. (fat) The ________________ pig weighed 863,6 kg and lived in Carolina, USA. Its name was "Big Boy" and it died in 1939.

2. (big) The ________________ animal is the whale. It can be 30 m long and weighs up to 160 tons.

3. (large) One of ________________ ________________ cities in the world is Shanghai. In 2000 it hat about 11 500 000 inhabitants.

4. (heavy) The name of ________________ ________________ bell in the world is "Czar Kolokol". It stands in Moscow and weighs 196 tons.

4.4 Adverben

Adverben können etwa Verben näher bestimmen. Sie werden häufig mit der Wortart der Adjektive verwechselt. Im Deutschen kann man sie dadurch vom Adjektiv unterscheiden, dass sie keine Deklinationsendung besitzen. Im Englischen werden sie aus Adjektiven gebildet, indem man die Endung -*ly* anhängt:

Regel

Endet ein Adjektiv auf ein stummes -*e*, bleibt das -*e* bei der Umformung zum Adverb erhalten.

Beispiel:	wide	wid**ely**

Regel

Bei Adjektiven auf Konsonant + -*y* wird das -*y* zu -*i*, wenn man die Endung -*ly* anhängt.

Beispiele:	eas**y**	eas-y	→	eas-i-ly	= eas**ily**
	happ**y**	happ-y	→	happ-i-ly	= happ**ily**

Du musst dich also bei den betreffenden Wörtern immer zuerst fragen, ob es sich um ein Adjektiv oder um ein Adverb handelt. Bei einigen Adjektiven bzw. Adverben sind die Formen allerdings identisch:

fast	(schnell)	He is	a **fast** runner.	**(Adjektiv)**
		He runs	**fast.**	**(Adverb)**
		Er läuft	*schnell.*	
hard	(schwer)	He is	a **hard** worker.	**(Adjektiv)**
		He works	**hard.**	**(Adverb)**
		Er arbeitet	*schwer/hart.*	

Auf manche Adverben kannst du die obigen Regeln leider nicht anwenden:

- *good (= gut):* *He is a good football player (Adjektiv).*
He plays well (Adverb).
- *hard (kaum):* *He hardly works (Adverb).*
deutsch: Er arbeitet kaum (**nicht:** *schwer von hard!*).

Substantive, Verben, Adjektive und Adverben

In den nächsten beiden Beispielsätzen siehst du den Unterschied zwischen Adjektiven und Adverben hinsichtlich ihrer Funktion im Satz:

Beispiele:	Ruth is	a **bad** singer.	(Adjektiv)
	Ruth sings	**badly.**	(Adverb)

Regel

An dem ersten Beispielsatz wird deutlich, dass Adjektive Subtantive näher bestimmen können. Adverben haben diese Funktion nicht. Sie können nur Verben, andere Adverben oder ganze Sätze näher bestimmen, nicht jedoch Substantive.

Beispiele:

She sings **badly.** (Verb näher bestimmt)

She is an **extremely** bad singer. (Adjektiv näher bestimmt)

She sings **extremely** badly. (Adverb näher bestimmt)

Unfortunately, she sings all the time.
(Satz näher bestimmt)

Es gibt übrigens ganz viele unterschiedliche Arten von Adverben.
Einige von ihnen sind ganz einfach zu erkennen, z. B. die Adverben des Ortes und der Richtung (*here, there, inside, across*), der Zeit (*now, tomorrow, soon*) und der Häufigkeit (*often, always, never, usually*).

Wie du siehst, sind Adverben des Ortes und der Richtung, der Zeit sowie der Häufigkeit nicht von Adjektiven abgeleitet, wie die meisten der Adverben, die wir bisher betrachtet haben. Bei letzteren handelt es sich nämlich um eine ganz spezielle Gruppe von Adverben: die so genannten Adverben der Art und Weise (= adverbs of manner), die v. a. Verben näher bestimmen (z. B. badly, slowly, friendly).

16. Ein leichter Einstieg. Wandle diese Adjektive in Adverben um.

quick: ________ heavy: ________

deep: ________ lucky: ________

careful: ________ fast: ________

lazy: ________ hard: ________

noisy: ________ beautiful: ________

So wirst du ein echter Rechtschreib- und Diktatprofi!
Bastle dir aus Wörtern, die du dir schlecht merken kannst, ein Poster für dein Zimmer. Beispielsweise könntest du dir ein „Merkwörterschloss“ bauen. Jeder Baustein trägt dann ein schwieriges Wort mit seiner Übersetzung oder eine spezielle Regel. Auch ein „Merkwörterdino“ ist möglich oder irgendeine andere Figur, die dir gefällt. Arbeite am besten mit unterschiedlichen Farben, sodass du dich mit einem Blick sofort auf deinem Poster orientieren kannst.

17. Setze die richtige Form ein – Adjektiv oder Adverb?

What is wrong with John?

Dr. Long was a ________ (good) doctor. She looked after her patients ________ (good). One day Mrs White ________ (sudden) rushed into her surgery (Praxis). "You must come ________ (quick)!" she said ________ (excited). "John is very ill." Dr. Long picked up her

Substantive, Verben, Adjektive und Adverben

bag and ran ____________________ (quick) out to her car. She was a ____________________ (careful) driver, and normally she drove ____________________ (slow) in town, but now she drove really ____________________ (fast). – When they came into John's room, he was lying in bed ____________________ (quiet). Dr. Long examined him ____________________ (careful) and took his temperature. Then Dr. Long looked at John and said, "What's wrong with you, John?" – "I've got an ____________________ (awful) headache, and my arms and legs hurt ____________________ (bad)." – "But John," Dr. Long said, "you haven't got a temperature now". John looked at his mother, and then he said, "I put the thermometer in my tea." "John!" said Mrs White ____________________ (angry). "Why on earth did you do that?" "I don't want to go to school today," he said ____________________ (clear). Dr. Long laughed. "Well, you don't have to go today," she said. "You've got a cold." Hooray!" shouted John ____________________ (happy).

18. Schreibe die kleine Geschichte von Übung 17 als Diktat. Vergiss nicht, schwierige Textstellen zusätzlich in dein Merkheft zu notieren. Präge dir diese schwierigen Wörter genau ein, damit du sie beim nächsten Mal richtig schreibst.

Zusammenfassung

Substantive

Neben der regelmäßigen **Pluralbildung auf -*s*** musst du Folgendes beachten:

Singular		Plural
– Zischlaute wie *-s, -ss, -sh, -ch, -x* [s] [ʃ] [tʃ] [ks]	→	*-es.* [ɪz]
– am Wortende ***-f*** oder ***-fe*** [f] [f]	→	*-**ves**.* [vz]
– am Wortende **Konsonant + *-y***	→	y wird ersetzt durch ***-i* + *-es***
– am Wortende **Vokal + *y***	→	y bleibt; **-s** wird angehängt

Denk daran, dass es Wörter gibt, die nur im Plural vorkommen, die so genannten Pluralwörter (z. B. *scissors*). Ebenso musst du dir merken, dass es im Englischen Wörter gibt, die nur im Singular vorkommen (z. B. *hair*).

Beim **s-Genitiv** musst du auf den Sinn achten.

Bezug auf eine Person	→	***'s***
Bezug auf mehrere Personen	→	***s'***

Verben

1. Die Bildung der 3. Person Singular Präsens auf *-s, -es* oder *-ies* ist abhängig vom vorausgehenden Laut.

2. Die Bildung der **-ing-Form:**

a) Verben auf *-y* oder *-ie* → *-y* + *-ing*
b) Stummes *-e* nach Konsonant entfällt
c) Verdoppelung des Konsonanten, besonders nach kurzem Vokal, *-t, -g* und *-l*

Substantive, Verben, Adjektive und Adverben

Adjektive

1. Steigerung bei ein- und zweisilbigen Adjektiven auf *-y* mit *-er/-est*.

2. Steigerung bei zweisilbigen Adjektiven ohne *-y* und mit der Betonung auf der ersten Silbe sowie bei drei- und mehrsilbigen Adjektiven mit *more/most*.

3. Steigerung bei Adjektiven, deren letzter Buchstabe ein *-e* oder *-y* ist:

nice	→	*nicer*	→	*nicest*
sunny	→	*sunnier*	→	*sunniest*

Weitere Regeln:
1. Ein stummes *-e* entfällt bei einsilbigen Adjektiven auf *-e*.
2. Ein *-y* am Wortende wird nach Konsonant zu *-i*.

Bei manchen Adjektiven mit einzelnem Konsonanten wird der Endkonsonant (vor allem: *-n, -d, -t, -g*) verdoppelt.

Adverben (der Art und Weise)

Neben der regelmäßigen Bildung durch Anhängen von *-ly* musst du Folgendes beachten:

1. Ein stummes *-e* am Ende eines Adjektivs bleibt bestehen.
2. Adjektive auf Konsonant + *-y* verwandeln das *-y* in *-i* und dann folgt *-ly*.

AUCH VERZWICKTE SONDERFÄLLE WERDE ICH
NOCH IN MEINEN KLEINEN KOPF HINEINZAUBERN -
SELBST WENN'S SCHWER FÄLLT.

Gemischte Aufgaben

1. Sprich die Wörter laut und ordne sie richtig in die Tabelle ein.

chairs horses T-shirts trains bags
clocks matches minutes keys bikes
dresses stamps oranges apples shoes

[s]	[z]	[ɪz]

2. Lasse dir folgenden Brief diktieren.

Dear Uwe,
well, now I'm home in Scotland again. It's quite cold here, and we're wearing pullovers, not bikinis. What's the weather like in Germany?

I'm writing this letter in my bedroom and I can see my school uniform on my bed. We are all getting ready for school this week. I like my school very much, but I hate school uniforms. My cousin's uniform is much nicer.

My mother's baking cakes in the kitchen and I can smell them. We all love her cakes. I can't bake, but I can make breakfast. Some people like sugar and milk with their muesli, but we eat it without. How do you eat it?

Well, Mother is calling me for tea now.
Please write soon. I think camping holidays are lovely. You meet such nice people.

With love from Diana

5. Schreibung und Lautung

5.1 Homophone

Eine Frage vorweg: Was haben **Blumen** und **Mehl** gemeinsam?
Ganz einfach: Im Englischen werden beide gleich ausgesprochen, auch wenn man sie unterschiedlich schreibt: ***flower*** und ***flour.***
Das ist bei vielen anderen Wörtern auch der Fall.

Regel

Man nennt solche Wörter, die gleich ausgesprochen werden, aber eine unterschiedliche Bedeutung haben und auch unterschiedlich geschrieben werden, Homophone (*homophones*).

Beispiele:	hear	here	[hɪə]
	hören	*hier*	
	night	knight	[naɪt]
	Nacht	*Ritter*	
	plain	plane	[pleɪn]
	Ebene	*Flugzeug*	

Die folgenden *short forms* klingen ganz ähnlich wie bestimmte Personalpronomen. Auch sie können zur Kategorie *homophones* gezählt werden:

you're	your	
du bist; ihr seid; Sie sind	*dein/Ihr*	
it's	its	
er/sie/es ist	*sein/ihr*	
they're	their	there
sie sind	*ihr*	*dort*

1. Baue die angegebenen Wörter sinnvoll in den Lückentext ein.

rode; too; won; know; saw; new; here; sore; week; hear; one; brake; two; weak; knew; road; no; break

1. When I ________ Kathy yesterday she had a ________ throat.
2. Ann's picture was the best ________. She ________ a prize!
3. You want to eat ________ cheeseburgers and the salad? Isn't that ________ much for you?
4. After the operation, Stefanie felt very ________. She had to stay in hospital for another ________.
5. Of course Lisa isn't Tom's ________ friend. He ________ her when she was six.
6. Oh ________, not again! Wait! Don't you ________ that this street is very dangerous.
7. Tom ________ along the ________ on Lisa's bike.
8. Lisa warned him: "If you stop the bike too quickly, the ________ can ________."
9. And ________ is my new car. Can you ________ the horn?

Schreibung und Lautung

2. Fülle die Lücken mit: ***-s, -'s, s', your – you're, his – he's, they're – there.***

1. The ____________ (Taylor) house is in Oxford, in Florian Road.

2. The ____________ (Caster) have got a house in Oxford, too. But the ____________ house is in Church Crescent.

3. Come on, Andy! ____________ late for school. And what about ____________ lunchbox?

4. Is that ____________ (Jimmy Silver) little brother? – Yes, he is.

5. ____________ name is Martin, and ____________ four.

6. Are the ____________ (Caster) the ____________ (Silver) neighbours? – No, the ____________ (Taylor) and the ____________ (Silver) are neighbours.

7. Is this ____________ CD, Abigail? Please put it in ____________ box. ____________ responsible for it!

8. Where are the ____________ (children) bedrooms? – ____________ over ____________.

9. ____________ dress is very pretty, Linda. ____________ looking wonderful tonight.

5.2 True friends, false friends und andere Besonderheiten

True friends und *false friends*

True friends sind Wörter, die im Englischen und Deutschen in ihrer Schreibweise beinahe oder ganz identisch sind und auch dieselbe Bedeutung haben.

Beispiele:	Finger	finger
	September	September
	Arm	arm
	Park	park

Regel

***False friends* sind Wörter, die sich in ihrem Schriftbild sehr ähneln, aber im Englischen eine ganz andere Bedeutung haben als im Deutschen.**

Beispiele:
*sensible = vernünftig (***nicht:** *sensibel)*
*serious = ernst (***nicht:** *seriös)*
*pathetic = Mitleid erregend (***nicht:** *pathetisch)*

Unterschiede zwischen geschriebener und gesprochener Sprache

Bei vielen englischen Wörtern gibt es zwischen geschriebener und gesprochener Sprache große Unterschiede, sodass es ratsam ist, sich diese Wörter genau einzuprägen.

busy	[bɪzɪ]	daughter	[dɔːtə]
enough	[ɪnʌf]	foreign	[fɔrɪn]
knife	[naɪf]	headache	[hedeɪk]
women	[wɪmɪn]	idea	[aɪdɪə]

Manche Buchstaben werden aber auch gar nicht gesprochen:

Ausfall des *l*:

palm	[pɑːm]	half	[hɑːf]
calm	[kɑːm]	talk	[tɔːk]

Schreibung und Lautung

Ausfall des *w*:

wrong	[rɔŋ]
write	[raɪt]
wrote	[rəʊt]
written	[rɪtn]
answer	[ɑːnsə]

Ausfall des *t*:

listen	[lɪsn]
castle	[kɑːsl]

Ausfall des *b*:

lamb	[læm]
climb	[klaɪm]

Ausfall des *d*:

grandma	[grænmɑ]

Ausfall des *r*:

mother	[mʌðə]
organize	[ɔːgənaɪz]

Wie du an Felix Anmerkung siehst, erscheint im britischen Englisch manchmal auch im gesprochenen Wort ein Laut, der als Buchstabe nicht geschrieben wird.

Beim Anlaut *sc...* musst du auch auf die Unterschiede zwischen gesprochener und geschriebener Sprache achten:

scene	[siːn]
scissors	[sɪzəz]
sceptre	[septə]
to descend	[dɪsend]
science	[saiəns]
sceptic	[skeptɪk]
school	[skuːl]

**3. Übersetze zunächst die deutschen Wörter in Klammern.
Lass dir den Text anschließend diktieren!**

A visit with complications

One Saturday evening in __________ (Herbst) we went to a barbecue dinner to my ________ (Tante) Mary. My friend Sarah wanted to come with us, but unfortunately she was too __________ (beschäftigt). The village where my __________ (Tante) lives is very pretty. It is __________ (besonders) nice there on a day like this when the sun is shining.

Two of the things which my uncle loved to do are: playing the __________ (Gitarre) and telling us interesting news about __________ (Pferde) and __________ (Vögel).

I think that these were the reasons for my __________ (Kopfschmerz) this afternoon. After a while I fell asleep and had a very strange dream. I was alone and I was standing in the middle of an open __________ (Feld).

I did not know what to do, so I walked straight forward until I arrived at a building ... and ... yes, it was a __________ (Museum). I walked inside and realized that this was a museum about the "History of _______ (Kekse).

There were just two other people there, so I walked towards them as I wanted to ask them where I was but __________ (leider) they did not speak my __________ (Sprache). When I was walking through the museum I heard a voice ... someone was calling my name, but the voice was so far away. But then I woke up and I realized that the voice belonged to my uncle.

This was a very funny evening for me.

Schreibung und Lautung

Zusammenfassung

Viele Wörter der englischen Sprache werden anders gesprochen als geschrieben. In bestimmten Bereichen kannst du allerdings Fehlerquellen ausschalten, wenn du folgende Phänomene kennst:

- **Homophone,**
  d. h. Wörter mit gleicher Aussprache und unterschiedlicher Bedeutung.
  z. B.: **There** are several kids in the playground.
  They're more than 20 people in the jazz band.

- **True friends,**
  d. h. Wörter mit gleicher/ähnlicher Schreibweise und Bedeutung
  z. B.: Finger finger

- **False friends,**
  d. h. Wörter mit ähnlicher Schreibweise und unterschiedlicher Bedeutung.
  Beispielsweise heißt *gift* auf Deutsch *Geschenk* und hat mit dem deutschen Wort *Gift* nichts zu tun.
  Letzteres heißt im Englischen nämlich *poison*.

- **Schwierige Wörter,**
  d. h. Wörter mit größeren Abweichungen zwischen Aussprache und Schriftbild.

Beispiel: castle [kɑːsl]

Diese Wörter musst du ganz genau lernen und immer wieder aufschreiben. Am besten, du sagst sie dir gleichzeitig laut vor, damit dir der Unterschied zwischen Aussprache und Schreibung auch so richtig bewusst wird.

Gemischte Aufgaben

1. Schreibe folgenden Text als Diktat:

Last week I got a letter from a theatre workshop in London, just a few hundred metres away from my flat. I had sent them a letter of application several months ago and now they were answering, enclosing an invitation to come and talk to one of the managers! The colour of the letter was pink!

The manager of the workshop planned a performance of "Romeo and Juliet" as a science fiction story. It sounded interesting, yet I was sceptic how they could represent the scenes on stage. Should this be realized behind castle walls? Who would write the scenario? Would the new setting be right or wrong for Shakespeare fans?

There was no answer to all my questions. I would have to wait until Juli 3rd, the day of the meeting with the manager. I said to myself: "Calm down again, Mary! You always tell your daughter to talk to someone in case of nervousness. Go for a short walk, don't drink a glass of liqueur now. There will only be 9 more days to go."

When I was nervous I always took my guitar – it's my favourite medicine – sat on the grass, made a cup of tea (I didn't want to have a sore throat right now!) and made my own music. I managed to calm down and, of course, hoped to get one of the best roles in the play!

2. Unterstreiche alle Wörter im ersten Abschnitt des obigen Textes, die große Abweichungen zwischen der geschriebenen und gesprochenen Sprache aufweisen.

3. Schreibe die markierten Wörter jeweils dreimal in dein Extra-Heft, um dir das Schriftbild besser einzuprägen!

6. Lösungen

Kapitel 1: Aussprache und Schreibung

1. girl, her birthday, church, curtain, bird, certain shirt, first, word, Germany, third, T-shirt

   Her purple skirt is dirty.
   Pearl is a pretty girl with curls.
   What shall I serve for dessert?
   I saw Shirley early this year.
   Shirley always flirts with Bert.

2. [ɜː]: bird, girl, curtain, heard, word, Bert / [e]: bed, pencil, any, many, red

3. By night I like to ride my bike.
   [ai] [ai] [ai] [ai] [ai] [ai] [ai]
   They say it rains in Spain since eight days.
   [ei] [ei] [ei] [ei] [ei] [ei]

4. Daddy has a bag. It's Daddy's bag.
   Ann has a can. It's Ann's can.
   Nanny has a pan. It's Nanny's pan.
   Ben has a pen. It's Ben's pen.
   Den has a bed. It's Den's bed.
   Glen has a hen. It's Glen's hen.

5. –

6. –

7.

	[ð]	[θ]
1.	this, that	
2.		three, thieves
3.	the	thought
4.		thousand, things
5.		thirty, thin

8.
1. [θ]: thing
   [ð]: this, the, that
2. [θ]: Thursdays
   [ð]: they, the
3. [θ]: thing, think
   [ð]: this, the, they
4. [θ]: through, thick, thin
   [ð]: –
5. [θ]: thankful, three
   [ð]: the, mother

9. Stimmhafte Laute sind rot, stimmlose Laute blau gedruckt:
This exercise is easy.
Tom's trousers are too small.
Ronny hasn't got a sister.
This isn't our register.
What pleasant houses these are.
Susan always cleans the house on Thursdays.
The girls' skirts are red.
This is the news.

Kapitel 1: Gemischte Aufgaben

1. –

2. Mr Th-a-n-w-a-bble
[æ] [æ]
Mr Th-e-n-w-e-bble
[e] [e]
Mr Th-i-n-w-i-bble
[ɪ] [ɪ]
Mr Th-u-n-w-ubble
[ʌ] [ʌ]
Mr Th-o-n-w-o-bble
[ɒ] [ɒ]

Lösungen

Kapitel 2: Groß- und Kleinschreibung

1. Möglich Lösung:
   Personennamen: Peter, Anne
   Berge: Rocky Mountains, Bavarian Alps
   Flüsse: Mississippi, Rhine
   Orte: London, Berlin
   Länder: Great Britain, Germany
   Meere: Pacific Ocean, North Sea
   Wochentage: Tuesday, Friday
   Monate: February, October
   Feiertage: New Year's Eve, Christmas Day
   Planeten: Mars, Earth
   Buchtitel: Alice in Wonderland (by Lewis Carroll), Harry Potter and the Philosopher's Stone (by J. K. Rowling)
   Sehenswürdigkeiten: Big Ben, Buckingham Palace

2. Brian's letter to his parents, Mr and Mrs Baxter:
   Thursday morning

   Dear Mum and Dad,
   I know you are waiting for a letter from me. Well, it's raining today, so I can wirte to you.
   This is a very nice place, but it is very noisy in here. Wendy is playing the guitar; Sandra and two German girls are playing their CD-players, and Roger is telling stories of "The Canterville Ghost". Uli and Hans are playing table-tennis. Julia is eating a kiwi which her Aunt Hillary brought from New Zealand. What a noise!
   Peggy and Dieter are cleaning their shoes on this table.
   Oh, I'm sorry, I can't go on, it's too noisy.
   We're having lots of fun. It's a pity Brenda and Paul aren't here.
   Love,
   Brian

3.

Wort im Text	Begründung anhand der Regeln
Brian	Personenname
Mr, Mrs Baxter	Anrede + Name
Thursday	Wochentag
Dear	Anrede im Brief
Mum and Dad	Name / Anrede
I	Personalpronomen *I* immer groß
Well,	Satzanfang
This,	Satzanfang
Wendy, Sandra	Namen
German	Nationalitätenzugehörigkeit
Roger	Personennamen
The Canterville Ghost	Schlüsselwörter in einem Buchtitel
Uli, Hans, Julia	Personennamen
Aunt Hillary	Verwandtschaftsbezeichnung als Namens-bestandteil
New Zealand	Ländername
What	Satzanfang
Peggy, Dieter	Personennamen
Oh, ...; We're ...; It's ...	Satzanfänge
Brenda, Paul	Personennamen
Love, ...	Satzanfang

4. **What a day!**

One day my Uncle George and I went to a meadow at the edge of a forest. It was Monday and the sun was shining. Our dog Rocky was following me the whole time, so I shouted at him: "Boy, stop hunting and be quiet, you scare the other animals!" He stopped fooling around. We were searching for some flowers. The following day it was Mother's Day, so I wanted to give my mother a little surprise. On our way, Uncle George told me stories about where he had been in his life. Some places I even know, the Rocky Mountains, the Great Plains, Los Angeles, Alabama and even the North Pole.

It was so exciting to listen to him, because his adventures were some kind of weird. Once he met a lion in the jungle and had to run away from him. Man, time passed, so we had to go home. What a day!

Lösungen

Kapitel 2: Gemischte Aufgabe

Dear Felix,
we haven't had much time yet, but let me quickly send you this e-mail to inform you about how things are going.
Our trip from Scotland was fine and now we're in our new home in Redding. My dad likes his new job at the zoo. We went there yesterday. It is very large. Tomorrow is my first day at Alderday High School.
I attach two photos from the summer holidays. I took the first photo on our trip to the Highlands in Scotland. We had a great holiday there. The weather was super all week. The other picture is of our last day at the old house. My brothers and sisters were very sad and our cat didn't look very happy, either. Did you have a good time in Italy? Thanks for the card you sent us. You asked what Redding is like. Well, we're very busy with the new house. The answer is "I still don't know." You must come for a holiday here and then we can explore everything together.

Love,

Kevin

Kapitel 3: Short forms (Kurzformen)

1. –

2. **Langformen:** is, are, is, is, is, is, am
   Kurzformen: 's, 're, 's, 's, 's, 's, 'm

3. -

4. 1a, 2b, 3b, 4c, 5c, 6a, 7c, 8c

5. 1. Kurzform → He is washing the car.
   2. Possessivbegleiter
   3. Kurzform → It is my dog.

4. Possessivbegleiter
5. s-Genitiv
6. Kurzform → Jenny is a good daughter.
7. Kurzform → They are swimming.
8. Possessivbegleiter

6. –

7. **The secret listener**
   Tomorrow we'll drive into town to go shopping.
   My sister will go with my mother and me. She's 13 years old. We'll buy new shoes for me. I'd like to have blue shoes.
   We'll get up early tomorrow. My sister doesn't like that. She's angry because of that. / Therefore she's angry. I hide behind the stairs to hear what my mother and my sister are talking about. They're sitting in the kitchen. My sister screams:
   "We'll spend the whole day in town, won't we? Why can't we go later then?" But Mum answers: "You needn't go with us if this is too early for you. In any case, we won't go later. We'd also come home later then. And your brother's got to go to bed early, too."
   "No! That's not fair! / That isn't fair!" I scream "I'm not a baby!"
   "You didn't listen to us, did you?" Mum asks.
   "No, I couldn't hear anything!" I say.
   "You're lying!" my sister screams.
   "No, I'm not!"
   "Don't you have to do homework?"
   I leave, but I'd prefer to listen to what they're talking about.

8. –

Kapitel 3: Gemischte Aufgaben

1. 1. ..., doesn't he?
   2. ..., hasn't he?
   3. ..., doesn't she?
   4. ..., has he?
   5. ..., isn't he?
   6. ..., don't we?
   7. ..., isn't it?

2. –

Lösungen

Kapitel 4: Substantive, Verben, Adjektive und Adverben

1. computer, parties, delays, wolf, thief, theories, friends, mysteries, stories, energies, countries, – (no singular), discovery, displays, foxes, city, – (no singular), bus(s)es

2. Eines von vielen Beispielen für eine Fantasiegeschichte:
   Frank has always been fond of mystery **stories**. Whenever there was a **delay** at the **bus** stop he and his friend invested a lot of **energy** making up new tales. This time the **story** was about **foxes** and **wolves** which had escaped from a **city** zoo and shocked 50 **party** guests. Imagine: one **wolf** had even torn the **trousers** of a **friend** of Frank's!

3. days, suitcases, cities, guys, towns, hobbies, families

4.

[s]	[z]	[ɪz]
flats	boys	classes
shops	girls	cages
books	towns	exercises

5. Paul's, Jones', mechanic's, Steve's, mechanic's, Paul's, friend's, John's, Jones', animals'

6. –

7. 1. Charlie's football, 2. Mr Thorp's class, 3. the boys' hobby, 4. Sandra's book, 5. the drivers' taxis, 6. Archie's pencil, 7. the children's shoes

8.

he hides	–	stimmhafter Konsonant *d*	–	[z]
he writes	–	stimmloser Konsonant *t*	–	[s]
he watches	–	stimmloser Konsonant *ch*	–	[ɪz]
he sleeps	–	stimmloser Konsonant *p*	–	[s]
he needs	–	stimmhafter Konsonant *d*	–	[z]
he comes	–	stimmhafter Konsonant *m*	–	[z]
he tells	–	stimmhafter Konsonant *l*	–	[z]

he turns	–	stimmhafter Konsonant *n*	–	[z]
he looks	–	stimmloser Konsonant *k*	–	[s]

9.

[t]	[d]	[ɪd]
looked	showed	needed
helped	cleaned	acted
watched	played	counted
washed	climbed	waited
laughed	planned	started

10. 1. Andrew is making muffins. (Wegfall des stummen *e*)
    2. You are cutting the grass. (Verdoppelung des Endkonsonants *t*)
    3. Simon is writing a letter. (Wegfall des stummen *e*)
    4. We are swapping things. (Verdoppelung des Endkonsonants *p*)
    5. Kathy is dancing with Bob. (Wegfall des stummen *e*)
    6. Jack is saving money. (Wegfall des stummen *e*)
    7. I am running home. (Verdoppelung des Endkonsonants *n*)
    8. My mother is taking a shower. (Wegfall des stummen *e*)
    9. Dave is swimming in the lake. (Verdoppelung des Endkonsonants *m*)
    10. Dad is riding the bike. (Wegfall des stummen *e*)

11. come, decide, phone, dance

12. saw, did, met, asked, gave, saw, were, went, were, came, put, heard, liked, were, watched, climbed, jumped, loved, found, sat

13. –

14. 1. Jack is lazier than I. Alan is the laziest.
    2. Books are more expensive than eggs. Bikes are the most expensive.
    3. A car accident is worse than a puncture. A plane crash is the worst.
    4. Spring is colder than summer. Winter is the coldest.

15. 1. fattest
    2. biggest
    3. the largest
    4. the heaviest

Lösungen

16. quickly, heavily, deeply, luckily, carefully, fast, lazily, hard, noisily, beautifully

17. good, well, suddenly, quickly, excitedly, quickly, careful, slowly, fast, quietly, carefully, awful, badly, angrily, clearly, happily

18. –

Kapitel 4: Gemischte Aufgaben

1.

[s]	[z]	[ɪz]
clocks	chairs	dresses
stamps	trains	horses
T-shirts	keys	matches
minutes	bags	oranges
apples	shoes	
bikes		

2. –

Kapitel 5: Schreibung und Lautung

1. 1. saw, sore, 2. one, won, 3. two, too, 4. weak, week, 5. new, knew, 6. no, know, 7. rode, road, 8. brake, break, 9. here, hear
2. 1. Taylors', 2. Casters, Casters', 3. You're, your, 4. Jimmy Silver's, 5. His, he's, 6. Casters, Silvers', Taylors, Silvers, 7. your, your, You're, 8. children's, They're, there, 9. Your, You're
3. autumn, aunt, busy, aunt, especially, guitar, horses, birds, headache, field, museum, biscuits, unfortunately, language

Kapitel 5: Gemischte Aufgaben

1. –
2. theatre, metres, answering, enclosing, talk, colour
3. –

Übersetzung

1./2. Lernjahr

1. Wortarten

1.1 Das Nomen

Bei dieser Wortart ist es wichtig, die regelmäßige und die unregelmäßige Pluralbildung (= Mehrzahlbildung) zu unterscheiden.

Regel

Bei der regelmäßigen Bildung des Plural wird an das Nomen einfach ein *-s* angehängt. Endet das Wort mit einem so genannten Zischlaut, muss man im Plural nicht nur ein *-s*, sondern *-es* anhängen. Zischlaute sind *-s*, *-sh*, *-ch*, *-x* und *-z*.

Beispiele:

book → *book**s***
pupil → *pupil**s***
bus → *bus**es***
box → *box**es***

Weitere Besonderheiten in der Rechtschreibung:
a) Endet ein Wort mit **Konsonant + *-y***, wird ***-y*** im Plural zu **-ie**:
*famil**y** – famil**ies**, stor**y** – stor**ies**.*

b) Endet ein Wort mit **Vokal + *-y***, bleibt ***-y*** im Plural erhalten:
*da**y** – da**ys**, bo**y** – bo**ys**.*

c) Endet ein Wort mit ***-f*** oder ***-fe***, wird der Plural mit ***-ves*** gebildet:
*kni**fe** – kni**ves**, cal**f** – cal**ves**.*

Hier findest du nun noch eine Liste von Vokabeln, die den Plural nicht regelmäßig bilden. Du lernst sie am besten auswendig.

man	→	***men***	*tooth*	→	***teeth***
woman	→	***women***	*foot*	→	***feet***
child	→	***children***	*goose*	→	***geese***
mouse	→	***mice***			

Es gibt auch einige Nomen, bei denen Singular (= Einzahl) und Plural die gleiche Form haben: ***fish, sheep, deer, fruit***.

Mengenangaben

Regel

Um eine unbestimmte Menge anzugeben, verwendet man *some* bzw. *any*. *Some* benutzt man in bejahten Aussagesätzen, *any* in verneinten Sätzen und echten Fragen. Bei Fragen, die ein Angebot beinhalten, steht *some*.

Beispiele:

*Do we have **any** apples?*	*Haben wir Äpfel?*
*Yes, there are **some** in the kitchen.*	*Ja, es sind welche in der Küche.*
*Would you like **some** tea?*	*Möchtest du etwas Tee?*

Any wird im Deutschen oft nicht übersetzt.

Eine weitere Mengenangabe ist *much* bzw. *many*. *Much* heißt *viel* und wird verwendet, wenn das Beschriebene **nicht zählbar** ist. Das nachfolgende Nomen steht immer im Singular. Im Gegensatz dazu steht *many*. Es heißt *viele* und wird verwendet, wenn das Beschriebene **zählbar** ist. Das nachfolgende Nomen steht immer im Plural.

Anstelle von *much* bzw. *many* besteht auch die Möglichkeit *a lot of* zu benutzen. Allerdings geht dies nicht nach dem Fragewort *how*: *There are a **lot of** pupils in my class. How **many**? 25.*

Little und *few* ist das Gegensatzpaar von *much* und *many*. *Little* heißt *wenig* und beschreibt eine nicht zählbare Menge, *few* wird hingegen mit *wenige* übersetzt und beschreibt eine zählbare Menge.
Achtung! *A little* heißt *ein bisschen* und *a few* heißt *ein paar*.

Wortarten

1. Bilde von folgenden Nomen den Plural.

1. girl ______________
2. bridge ______________
3. city ______________
4. toy ______________
5. scarf ______________
6. mouse ______________
7. teacher ______________
8. glass ______________
9. sheep ______________
10. life ______________

2. *some* oder *any*?

1. Do we have ______________ tea in the house?
2. No, I'm sorry, we don't have ______________.
3. But there is ______________ ice-cream in the freezer.
4. I have to get ______________ milk.
5. There isn't ______________ milk left.

3. *much* oder *many*?

1. How ______________________ is this book? It is 15 pounds.
2. ______________________ people go to the Oktoberfest every year.
3. How ______________________ dresses do you have?
4. We always have ______________________ fun when we go shopping.
5. Let's hurry. There isn't ______________________ time.

4. Übersetze die folgenden Sätze.

1. Haben wir Kaffee?

____

2. Pferde haben Hufe.

____

3. Wie viele Fische sind da?

____

4. Es kamen nur wenige Kinder.

____

5. Da waren ein paar Gänse.

____

Wortarten

1.2 Das Verb

Verben sind die Wörter, die ausdrücken, was getan wird. Sie können in zwei Gruppen unterteilt werden: Vollverben und Hilfsverben.

Das Vollverb

Regel

Zu den Vollverben zählen all diejenigen Verben, die man, ohne Ersatzformen zu benutzen, in sämtliche Zeitstufen setzen kann. Dies bedeutet, dass sie in der Gegenwart, der Vergangenheit und der Zukunft verwendet werden können.

Das Hilfsverb

Regel

Hilfsverben haben im Allgemeinen keinen Infinitiv mit *to*, kein *-s* in der 3. Person Singular und kein do/don't bei Frage bzw. Verneinung. Sie werden nur im simple present benutzt. Ausnahme: *to be, to have.*

To be und *to have* sind Hilfsverben, wenn sie beispielsweise an der Bildung der Zeiten beteiligt sind.

to be:
I'am (I'm)
you are (you're)
he is (he's) / she is (she's) /
it is (it's)
we are (we're)
you are (you're)
they are (they're)

to have
I have (I've)
you have (you've)
he has (he's) / she has (she's) /
it has (it's)
we have (we've)
you have (you've)
they have (they've)

Verneint werden die beiden Hilfsverben, indem man ein *not* hinter die Form von *to be* oder *to have* setzt.

To be und *to have* können auch als Vollverben verwendet werden. Sie haben dann tatsächlich die Bedeutung *sein* und *haben*.

Regel

Weitere Hilfsverben sind z. B. *can (können)*, *must (müssen)* und *may (dürfen)*. Sie können nur als Hilfsverben verwendet werden und kommen deshalb immer zusammen mit einem Vollverb vor.

a) Die Form ***can*** ist in allen Personen gleich. Die Verneinung lautet *cannot*; meistens findet man aber die verkürzte Form: *can't*. In anderen Zeitstufen müssen Ersatzformen *(be able to / be allowed to)* benutzt werden.

Beispiele: *I can swim.* *Kathy can't come.*

b) Auch ***must*** hat in allen Personen dieselbe Form.

Beispiele: *He must leave.* *You must take an umbrella with you.*

Man kann im Präsens für *must* auch *have to / has to* verwenden:
Man benutzt *must* häufig dann, wenn man eine persönliche Einstellung ausdrücken will, während man *have to / has to* meistens in den Fällen verwendet, in denen man eine Tatsache neutral ausdrücken will. *Must* wird deshalb oft mit *really* zusammen benutzt. In anderen Zeitstufen muss ebenfalls *have to / has to* benutzt werden.

Beispiele:
I must finish this book. (persönliche Einstellung)
Peter can't come to the party. He has to work. (Tatsache)
I really must go now. (persönliche Einstellung)

Die Verneinung von *must* (müssen) lautet sinngemäß *needn't* (nicht müssen, nicht brauchen).

Achtung! *Mustn't* heißt nicht *nicht müssen*, sondern *nicht dürfen*.

Wortarten

Must gibt es allerdings nur in der Present Tense-Form. Will man die Vergangenheit oder Zukunft bilden, braucht man eine **Ersatzform**. Sie lautet ***have to***.

He had to be at home at eight. *Er musste um acht Uhr zu Hause sein.*

Die **Verneinung** in der Vergangenheit wird gebildet mit *didn't + have to.*

He didn't have to be home at eight.
Er brauchte nicht um acht Uhr zu Hause sein.

Im **Futur** setzt sich die Form aus *will + have to* zusammen.
He will have to be home at eight. Er wird um acht Uhr zu Hause sein müssen.

Die **Verneinung im Futur** *(won't + have to)* kann im Deutschen auch als Präsens wiedergegeben werden: *He won't have to be home at eight.* → *Er wird nicht um acht Uhr zu Hause sein müssen* oder *Er muss nicht um acht Uhr zu Hause sein.*

c) Mit ***may*** kann man auf höfliche Art und Weise um Erlaubnis fragen. Wie *must* gibt es *may* nur in der Gegenwart. Für die anderen Zeiten existiert auch hier eine Ersatzform: *be allowed to.*

Regel

***May* und *be allowed to* werden im Deutschen mit *dürfen* übersetzt; *may not* und *not to be allowed to* mit *nicht dürfen*.**

Beispiele:

He was allowed to go. Er durfte gehen.
He will be allowed to go. Er wird gehen dürfen.

Regel

***Be allowed to* hat eine ganz bestimmte Bedeutung; es wird mit dieser Wendung eine allgemeine Erlaubnis oder ein Verbot ausgedrückt.**

5. Setze die richtige Form von *to be* ein.

1. Where ______________________ you going?

2. It ______________________ very sunny today.

3. We ______________________ having a lot of fun.

4. ______________________ they coming for dinner?

6. Setze die richtige Form von *to have* ein.

1. Do you ______________________ any brothers or sisters?

2. They ______________________ ten dogs.

3. He ______________________ just bought a new car.

4. Why ______________________ she left?

7. *Be* oder *have*? Setze die richtige Form ein.

1. We ______________________ nothing to eat.

2. I ______________________ very happy.

3. Why ______________________ you watching TV?

May und *may not* kommen vor allem in Frage- und Antwortsituationen vor. Ansonsten steht für *nicht dürfen* eher *mustn't* oder eine verneinte Form von *be allowed to*.

Wortarten

8. Übersetze folgende Sätze ins Englische.

1. Ist Jenny in deiner Klasse?

____

2. Wo ist Wales?

____

3. Ich habe ein neues Kleid.

____

4. Bist du hungrig?

____

5. Haben wir genug Geld?

____

9. Entscheide, ob das Wort *can*, *must* oder *may* in die Lücken gesetzt werden muss. Manchmal sind auch mehrere Lösungen richtig. Manchmal musst du verneinen.

1. Jill ______________ ride the bike.
2. You ______________ do your homework first.
3. ______________ I have a sandwich?
4. We ______________ miss the bus.

1.3 Adjektiv und Adverb

In diesem Abschnitt geht es um den Unterschied zwischen Adjektiv und Adverb sowie um die Steigerung. Während im Deutschen Adjektiv und Adverb die gleiche Form haben, ist sie im Englischen unterschiedlich:

The weather is beautiful. (Adjektiv) *Das Wetter ist schön.* (Adjektiv)
aber:
The sun shines beautifully. (Adverb) *Die Sonne scheint schön.* (Adverb)

Regel

Adjektive beschreiben die Eigenschaften eines Nomens näher und stehen entweder vor dem Nomen oder nach *to be*.

Beispiele: *A dog is a **wonderful** animal.*
*Be **careful**!*

Regel

Adverben werden gebildet, indem man an das Adjektiv *-ly* anhängt.

Beispiel: *He cooks wonderful**ly**.*

Regel

Adverben beschreiben, wie etwas getan wird und stehen immer nach dem Verb. Ausnahme: Nach *to be* steht immer das Adjektiv.

Beachte bei Adjektiven mit der Endung *-le* den Unterschied in der Schreibweise zwischen Adjektiv und Adverb:

*terribl**e*** → *terribl**y***
*angr**y*** → *angr**i**ly*
*happ**y*** → *happ**i**ly*

Wortarten

Auch hier gibt es Sonderformen:

fast → fast
good → well
hard → hard

Die Steigerung von Adjektiven und Adverben

Regel

An einsilbige Adjektive sowie an zweisilbige, die auf *-y* enden, wird im Komperativ *-er* und im Superlativ *-est* angehängt.

Beispiele:	high	high**er**	high**est**
	small	small**er**	small**est**

Beachte: Bei Adjektiven, die auf ***-y*** enden, wird aus dem ***-y*** bei der Steigerung ein ***-i*** (*dirty, dirtier, dirtiest*).
Nach einem kurzen, betonten Vokal muss der Endkonsonant verdoppelt werden (*big, bigger, biggest*).
Bei Adjektiven, die auf **-e** enden, fällt das ***-e*** weg (*large, larger, largest*).

Sonderformen:	*good*	*better*	*best*
	bad	*worse*	*worst*
	little	*less*	*least*

Regel

Adjektive mit zwei Silben, die aber nicht auf *-y* enden, und solche mit mehr als zwei Silben, werden mit *more* und *most* gesteigert.

Beispiel:	*famous*	*more famous*	*most famous*

Regel

Adverben auf *-ly* werden mit *more* und *most* gesteigert; einsilbige Adverben mit *-er* und *-est*.

Beispiel:	*shortly*	*more shortly*	*most shortly*
	hard	*harder*	*hardest*

10. Bilde aus folgenden Adjektiven das Adverb und setze es in die richtige Lücke ein: *terrible, fast, extreme, quiet, slow, happy.*

1. And they lived ____________________ ever after.

2. This snake is ____________________ dangerous.

3. Don't drive too ____________________!

4. He came ____________________ into the room.

5. I'm ____________________ sorry.

6. She looked ____________________ at him.

11. Adjektiv oder Adverb?

1. He was a ____________________ tennis player. (gut)

2. Please clean your room. It's very ____________________. (schmutzig)

3. I was ____________________ worried about the test. (schrecklich)

4. Be ____________________. (vorsichtig)

5. Anna can't play the piano very ____________________. (gut)

6. He ran away ____________________. (wütend)

Wortarten

12. Steigere folgende Adjektive und Adverben.

1. small ____________ ____________
2. surprised ____________ ____________
3. important ____________ ____________
4. busy ____________ ____________
5. wet ____________ ____________
6. well ____________ ____________
7. badly ____________ ____________
8. seriously ____________ ____________

13. Übersetze die folgenden Sätze.

1. Dies ist der höchste Berg in Deutschland.

   ____

2. Ich bin schrecklich müde.

   ____

3. Sei ruhig!

   ____

Gewöhne dir an, englische Texte ab und zu laut zu lesen. Dabei übst du zum einen die Aussprache, zum anderen erschließt sich dir ihr Inhalt oft besser. Auch Vokabeln solltest du am besten laut lernen.

1.4 Präpositionen

Präpositionen sind immer eine besondere Schwierigkeit beim Übersetzen. Eine Präposition kann im Englischen mehrere Bedeutungen haben (z. B. *on* = *auf* oder *an*). Es kann auch sein, dass im Deutschen eine andere Präposition verwendet wird als im Englischen, und manchmal wird im Deutschen die Präposition auch gar nicht übersetzt. Präpositionen stehen immer bei Nomen oder Pronomen.

Es gibt verschiedene Arten von Präpositionen:
Präpositionen des Ortes: above, at, behind, beside, between, in, in front of, near, on, opposite, under
Präpositionen der Richtung: across, after, along, down, from, into, onto, out of, through, to, up
Präpositionen der Zeit: after, at, before, by, in, past, to, until

Regel

Die Wörter *in* und *at* können sowohl Präpositionen des Ortes als auch der Zeit sein.

Beispiele:
*I live **in** New York. (örtlich: wo?)*
*Lisa likes to go riding **in** the afternoon. (zeitlich: wann?)*
*Mary is waiting **at** the train station. (örtlich: wo?)*
*I don't have time **at** the moment. (zeitlich: wann?)*

Regel

Es gibt Verben und Ausdrücke, die immer mit einer ganz bestimmten Präposition verbunden werden.

Beispiele:

*to be interested **in*** (*interessiert sein an*):	*I'm interested in horses.*
*to look **at*** (*anschauen*):	*I'm looking at the sky.*
*to wait **for*** (*warten auf*)	*You are waiting for her.*
*to listen **to*** (*hören / zuhören*)	*Joe is listening to the birds.*
*to look **for*** (*suchen*)	*We are looking for our friends.*

Wortarten

Regel

Bei Verben und Ausdrücken, die mit bestimmten Präpositionen benutzt werden, steht in Fragen mit *what, who* und *where* die Präposition immer am Satzende.

Beispiele:

*Where are you **from**?*	*Woher kommst du?*
*What are you interested **in**?*	*Wofür interessierst du dich?*
*What are you looking **at**?*	*Was schaust du an?*
*Who are you waiting **for**?*	*Auf wen wartest du?*
*Who are you talking **to**?*	*Mit wem redest du?*

Hier findest du weitere Verben und Ausdrücke mit fester Präposition:

to be keen on (begierig sein auf):	*Mike is keen on going on holidays.*
to explain to (erklären):	*We explain the situation to them.*
to believe in (glauben an):	*I don't believe in ghosts.*
to be good at (gut sein in):	*I'm good at English.*
to be afraid of (Angst haben vor):	*Who's afraid of spiders?*
to invite to (einladen zu/auf):	*Kelly invited Tracy to her party.*
to ask for (bitten um):	*I asked her for a glass of water.*

Lerne am besten die Verben immer zusammen mit der dazugehörigen Präposition, denn viele der englischen Präpositionen lassen sich nicht wörtlich ins Deutsche übersetzen.

14. Setze die richtige Präposition ein: on, in front of, at (2 x), to.

1. Tina gets up ______ 7 o'clock every day.

2. The car is parked ________ the house.

3. ______ Sundays, pupils don't go ______ school.

4. I'm going to spend the night ______ my friend's house.

15. Welche Präposition für welches Verb?

1. Tom is interested ______ football.

2. My little brother is afraid ______ dogs.

3. Karen is looking ______ some magazines.

4. I'm good ______ dancing.

5. Ben is invited ______ a birthday party.

16. Formuliere die Sätze aus Übung 15 in Fragen um.

Beispiel: Tom is interested in football. What is Tom interested in?

1. ____?

2. ____?

3. ____?

4. ____?

Wortarten

17. Entscheide, welche Präposition die richtige ist.

1. Tracy is keen __________ horses.
   about / on / for

2. I live __________ Munich.
   in / from / at

3. Nancy is __________ London.
   on / about / from

4. Melissa loves to go swimming __________ summer.
   at / in / in front of

18. Übersetze die folgenden Sätze.

1. Tina bittet mich um ein Glas Wasser.

   ____

2. Die Kinder bekommen zu Weihnachten viele Geschenke.

   ____

3. Tom hört sich die Nachrichten an.

   ____

4. Das Spiel beginnt um 18.00 Uhr.

   ____

Pass speziell bei den Verben auf, die je nach Bedeutung verschiedene feste Präpositionen haben können wie z. B. *to look* ***at*** und *to look* ***for*** oder *to ask* ***about*** und *to ask* ***for***.

1.5 Konjunktionen

Konjunktionen sind Wörter, die Sätze miteinander verbinden. Deswegen heißen Konjunktionen auch Bindewörter.

Hier eine Liste von Konjunktionen mit ihrer deutschen Übersetzung:

and und
or oder
but aber
when wenn, als
before bevor
after nachdem
until bis
because weil
while während

Beispiele:

We cook, ***and*** *you prepare the table.*
You can have the rabbit, ***or*** *you can have the hamster.*
You can go for a walk, ***but*** *not too far.*
He will call ***when*** *he arrives.*
I have to close the windows ***before*** *we leave.*
The sun will shine ***after*** *the rain has stopped.*
Kate is waiting ***until*** *he gets back.*
The dog is happy ***because*** *Tom is home.*
Tim is reading ***while*** *Ann is watching TV.*

Achte darauf, dass du beim Übersetzen *while* nicht mit *weil* übersetzt. Zwar klingt es äußerst ähnlich, aber das deutsche *weil* wird im Englischen mit *because* wiedergegeben.

Wortarten

19. Setze die richtige Konjunktion ein: after, because, before, or oder until.

1. I like the T-shirt ______________________ it is blue.

2. Nancy will call her friend ______________________ she finished her homework.

3. You go on ______________________ you get to a big square.

4. Do you like to meet for lunch ______________________ do you prefer dinner?

5. Hurry up ______________________ it is too late.

20. Entscheide dich für eine der beiden angegebenen Konjunktionen.

1. You clean the kitchen ______________________ I clean the bathroom.

   until while

2. Melissa is smiling ______________________ she is very happy.

   until because

3. We can go to Italy, ______________________ we can go to France.

   when or

4. Jenny is ringing the doorbell, ______________________ nobody is there.

   but after

1.6 Pronomen

Pronomen werden benutzt, um ein anderes Wort zu ersetzen; und zwar treten sie an die Stelle von Nomen.

Das Personalpronomen

Regel

Personalpronomen ersetzen eine Person, ein Tier oder eine Sache. Man muss unterscheiden, ob das Wort, das sie ersetzen, im Nominativ *(Wer?/ Was?)* oder im Dativ *(Wem?)* bzw. Akkusativ *(Wen?/Was?)* steht.

Nom.	Dat./Akk.	Nom.	Dat./Akk.
I	*me*	*we*	*us*
you	*you*	*you*	*you*
he	*him*	*they*	*them*
she	*her*		
it	*it*		

Beispiele:

***Tom** is hungry.*	***He** is hungry*	(Wer?)
*Anna likes **Tom.***	*Anna likes **him**.*	(Wen?)
*Sam gives **Tom** the book.*	*Sam gives **him** the book.*	(Wem?)

Das Possessivpronomen

Regel

Das Possessivpronomen zeigt an, wem etwas gehört:
my, your, his, her, its, our, your, their

Beispiele:

*I have a dog. It is **my** dog.*
*You live in a house. It is **your** house.*

Wortarten

21. Ersetze die Nomen durch die passenden Personalpronomen.

Beispiel: Nell is drinking. → **She** is drinking.

1. The dog is barking.

____

2. My brother and I are going to buy some flowers.

____

3. The Smiths are moving to New York.

____

4. Angela is reading.

____

22. Setze das passende Possessivpronomen ein.

1. This is Sally's horse. It is ________________________ horse.
2. Jack, are you in ________________________ room?
3. Susie and Kim have missed ________________________ bus.
4. Look, this is ________________________ bike.

Zusammenfassung

Nomen

Im Englischen wird bei der regelmäßigen Bildung des Plural ein **-s** an das Nomen angehängt. Es gibt allerdings viele Nomen, bei denen der Plural unregelmäßig gebildet wird:
Some verwendet man in bejahten Sätzen, *any* in verneinten Sätzen und Fragen. *Much* verwendet man bei nicht zählbaren, *many* bei zählbaren Nomen.

Das Verb

Verben werden in Vollverben und Hilfsverben unterteilt. Zu den Hilfsverben gehören *can, must* und *may*. Für *must* gibt es die Ersatzform *have / has to*, für *may* und *can* die Ersatzform *to be allowed to*. *Be* und *have* können Hilfsverb und Vollverb sein.

Adjektiv und Adverb

Ein Adjektiv beschreibt ein Nomen näher, ein Adverb beschreibt ein Verb, ein anderes Adverb oder ein Adjektiv näher.

She is a **nervous** person.
She is **extremely** nervous.

She watched him **nervously**.
She watched him **extremely** nervously.

Präpositionen

Es gibt Präpositionen des Ortes (*above, at, behind* ...), Präpositionen der Richtung (*across, after, along,* ...) und Präpositionen der Zeit (*at, on, in, ...*).

Konjunktionen

Konjunktionen verknüpfen Sätze miteinander (*and, or, but,* ...).

Pronomen

Es gibt unterschiedliche Arten von Pronomen. Personalpronomen treten an die Stelle von Personen, Tieren und Dingen. Possessivpronomen machen deutlich, wer der Besitzer einer Sache ist.

Wortarten

Gemischte Aufgaben

1. Bilde den Plural.

1. bush ______________ 2. match ______________

2. Setze das richtige Wort ein.

1. How ______________ potatoes are there? Five. (much / many)

2. Is there ______________ water in the fridge? (some / any)

3. Adjektiv oder Adverb?

1. Tracy is a very ______________ horse. (nice)

2. This skirt fits ____________________. (perfect)

4. Setze die richtige Präposition ein.

1. Stop looking _________ me! 2. The story is ____________ page 14.

5. Setze *must, mustn't* und *can* in die richtige Lücke.

1. ________________ I open the window?

2. You ________________ fight with your brother.

3. Nick ________________ wash his car.

4. ________________ you skate?

2. Satzarten

2.1 Aussagesätze mit zwei Verben

Du wirst beim Übersetzen immer wieder auf Sätze stoßen, die zwei Verben enthalten, nämlich Hilfsverb und Vollverb. Ihre Stellung im Satz unterscheidet sich von derjenigen in deutschen Sätzen.

Regel

Im deutschen Satz umschließen zusammengehörende Verben das Objekt, im Englischen dagegen müssen sie zusammen bleiben.

Das gilt vor allem für die Hilfsverben ***can, could, should, must, mustn't, needn't*** und ***may.***

Beispiele:

*Er **kann** mit dem Bus **fahren**.*
*He **can go** by bus.*

*Du **solltest** deinen Bruder **fragen**.*
*You **should ask** your brother.*

*Sie **darf** zwei Stunden lang nicht **essen**.*
*She **mustn't eat** for two hours.*

Auch auf die an der Zeitenbildung beteiligten Hilfsverben *have* und *will* folgt im Englischen unmittelbar eine Form des zugehörigen Vollverbs. Die beiden Verben können nur von Wörtern wie beispielsweise *already, never, even, really* getrennt werden. Niemals aber darf im *will*-Futur bzw. im Present Perfect ein Subjekt oder ein Objekt zwischen ihnen stehen.

Beispiele:

*He **has always worked** very hard.*	*Er **hat immer** sehr hart **gearbeitet**.*
*I **will** never **come** back.*	*Ich **werde** niemals **wiederkommen**.*
*She **has** really **loved** him.*	*Sie **hat** ihn wirklich **geliebt**.*

Satzarten

1. Übertrage die folgenden Sätze ins Englische.

1. Heute muss Tom früh zu Bett gehen.

____

2. Ich könnte dir mein Fahrrad leihen (*lend*).

____

3. Sie hat die Reise schon organisiert.

____

Zur Verneinung der Hilfsverben wird einfach *not* in verkürzter Form angehängt: can't, couldn't, shouldn't, mustn't, needn't.

2. Übersetze. Bilde die richtige Verneinungsform der Hilfsverben.

1. Mariah kann nicht zu meiner Geburtstagsfeier kommen.

____

2. Du solltest nicht zu viel Schokolade essen.

____

3. Lisa darf heute das Haus nicht mehr verlassen (*leave*).

____

4. Sie konnte heute Nachmittag das Bild nicht malen.

____

2.2 Fragesätze

Entscheidungsfragen

Auf diese Art von Fragesätzen kannst du mit *ja* oder *nein* antworten.

Regel

Im Fragesatz steht der konjugierte Teil des Prädikats immer vor dem Subjekt. Kommen zwei Verbformen vor, so steht das Subjekt zwischen diesen.

Beispiele: ***Are*** *you hungry?*
Have *you* ***got*** *a car?*

Gibt es kein Hilfsverb, so wird die Frage im simple present gebildet, indem man **do** oder **does** an den **Satzanfang** stellt. Das **Vollverb** bleibt an der üblichen Stelle, steht allerdings im **Infinitiv**.

Beispiele: ***Do*** *you* ***go*** *to the cinema in the afternoon?*
*(**Gehst** du heute Nachmittag ins Kino?)*
Do *they* ***have*** *enough money?*
*(**Haben** sie genug Geld?)*

Bei der 3. Person Singular fragst du mit **does**:

Does *he* ***go*** *to the doctor's?*
*(**Geht** er zum Arzt?)*

Regel

Bei den Entscheidungsfragen liegt dieselbe Satzstellung vor wie beim Aussagesatz.

Beispiele:	*Do*	*you*	*have*	*something to drink?*
	Does	*she*	*see*	*her grandmother?*
		S	**P**	**O**

Satzarten

Regel

Enthält ein Fragesatz ein Hilfs- und ein Vollverb, benötigt man kein *do*, sondern das Hilfsverb wird an den Satzanfang gestellt.

Beispiele: ***Can*** *we read the new book?*
Could *Steven buy some meat?*
Should *the cat stay in the house?*

Fragen mit Fragewörtern

Regel

Bei dieser Art von Fragen steht das Fragewort immer am Satzanfang. Achtung: Who? (Wer?) ersetzt das Subjekt.

Typische Fragewörter:
What? (Was?); Who? (Wer); Where? (Wo?); When? (Wann?); Why? (Warum?); How? (Wie?)

Beispiele: ***What*** *do you have for breakfast?*
Who *was James Cook?*

Regel

How much **wird für die Frage nach unzählbaren Mengen *(ice-cream, time, money)* verwendet, *how many* für die Frage nach zählbaren Begriffen.**

Beispiele: *How much sugar? (Wie viel Zucker?)*
How many children? (Wie viele Kinder?)

Schon gewusst?

James Cook (1728- 1779) war ein berühmter britischer Weltumsegler und Entdecker. Er erstellte neue Karten der Küste und der Flüsse Kanadas und unternahm Entdeckungsreisen nach Australien, Neuseeland und in die Antarktis, wo er mit Wissenschaftlern die Pflanzen- und Tierwelt erforschte.

3. Verwende die richtigen Fragewörter.

1. ________ will you do this evening?
2. ________ can my brother come to you?
3. ________ is the man with the black sunglasses?
4. ________ many pupils are in your class?

Verwechsele nicht die Fragewörter *Who? (Wer?)* und *Where? (Wo?)*.

4. Bilde korrekte Fragesätze unter Verwendung des Hilfsverbs *do*.

1. You go to the piano lesson every Tuesday.

   ____

2. They go to the zoo by train.

   ____

3. His uncle lives in China.

   ____

4. She likes to sleep very late.

   ____

5. You like your new home.

   ____

Satzarten

5. Stelle die richtigen Fragen zu den Anworten.

1. ______

Yes, I have a dog.

2. ______

No, he doesn’t sleep in my bed.

3. ______

Yes, I go out with him every day.

4. ______

No, he doesn’t like cats.

Auch wenn die Antwort auf Entscheidungsfragen nur *ja* oder *nein* lauten kann, ist es üblich, das Hilfsverb des Fragesatzes zu wiederholen. Die Kurzantwort (= Question Tag) kann folgendermaßen lauten:

Do you like me? ***Yes, I do. / No, I don’t.***
Does he like me? ***Yes, he does. / No, he doesn’t.***

6. Bilde nun Kurzantworten zu den Fragen in Übung 4.

1. bejahend ______
2. verneinend ______
3. bejahend ______
4. verneinend ______
5. bejahend ______

2.3 Satzgefüge

Wird in einem Satz ein Sachverhalt näher erläutert oder ein Ereignis genauer beschrieben, so besteht er meist aus einem Haupt- und mindestens einem Nebensatz. Der Hauptsatz heißt im Englischen ***main clause***, der Nebensatz ***subordinate clause***.

Regel

Egal, ob der Nebensatz vor oder nach dem Hauptsatz steht, die Reihenfolge der Satzglieder ist dieselbe wie beim Hauptsatz – vorausgesetzt, es handelt sich um einen Aussagesatz.

Im Deutschen hingegen ist die Satzstellung im Nebensatz eine andere.

Jenny is sure	*that*	*her brother*		*never*	*eats*	*chocolat.*
(Hauptsatz)		**(S)**			**(P)**	**(O)**
Jenny ist sicher,	*dass*	*ihr Bruder*	*nie*	*Schokolade*		*isst.*
(Hauptsatz)		**(S)**		**(O)**		**(P)**

Regel

Nebensätze werden immer durch eine unterordnende Konjunktion eingeleitet.

Häufige Konjunktionen sind:
when (= wenn, als), because (= weil), where (= wo, wohin), that (= dass), if (= wenn, ob, falls), while (= während), before (= bevor), after (= nachdem), until (= bis)

Regel

Vor den Konjunktionen *because, that, when, where, while, before, after, until* und *if* steht kein Komma. Der Nebensatz wird nur durch ein Komma vom Hauptsatz abgetrennt, wenn er *vor* diesem steht.

Beispiel:
When I was in America, I visited the Indians.
Als ich in Amerika war, besuchte ich die Indianer.

Satzarten

7. Ergänze die fehlenden Konjunktionen.

1. My mother wants to know __________ my brother is.

2. The teacher was already in the classroom __________ the pupils arrived.

3. I was really worried __________ you didn't call.

4. He always knows __________ she wants.

8. Versuche, die beiden Sätze mit einer Konjunktion zu verbinden. Zum Teil müssen die Satzteile umgestellt werden.

1. John: Tomorrow I will come over. I need your help.

   ____

2. Elisa: John takes the parcel to the post office. It's too heavy for me.

   ____

3. John: My sister told me about my friend. He's ill.

   ____

4. Elisa: I go to work by bus. I can read the newspaper then.

   ____

Zusammenfassung

Aussagesätze mit zwei Verben

Im englischen Aussagesatz stehen Hilfsverb und Vollverb immer zusammen. Im Deutschen sind sie dagegen getrennt.

Lisa ***will write*** *the letter tomorrow.*

Fragesätze

Bei Entscheidungsfragen ist die Satzstellung genau wie im Aussagesatz. Sie werden entweder mit einem Hilfsverb eingeleitet oder mit *do / does*. Das Hilfsverb steht vor dem Subjekt. Fragewörter stehen ganz am Anfang des Satzes.

Can *I have some ice-cream?* *Where do you go?*

Satzgefüge

Im Nebensatz gelten die gleichen Regeln für den Satzbau wie im Hauptsatz, also auch die SPO-Regel. Ein Nebensatz wird immer von einer Konjunktion eingeleitet. Ein Komma setzt du nur, wenn der Nebensatz am Satzanfang steht.

I know ***that*** *Elvis Presley was the King of rock'n'roll.*
When you need me, I will help you.

Gemischte Aufgaben

1. Bilde Fragen aus den folgenden Bausteinen.

1. I / should / the doctor's / go to

   ____

2. Tom / what / will / do / on holiday

   ____

3. the music group / does / when / begin to play

   ____

Satzarten

2. Bilde korrekte Fragesätze unter Verwendung des Hilfsverbs *do*.

1. He likes to listen to music.

____

2. Your sister lives in New York.

____

3. You have a cat.

____

4. His brother goes out every night.

____

3. Ergänze die fehlenden Konjunktionen.

1. I was very happy ____________ you came back.
2. You have to make your homework ____________ you can watch TV.
3. She had to wait ____________ her parents were ready.
4. I like you ____________ you are a good person.
5. My mother was in the livingroom ____________

   my father arrived.

3. Infinitiv, Gerund und Bedingungssatz

3.1 Infinitivkonstruktionen

In der englischen Sprache gibt es Verben, die ein weiteres Verb in ungebeugter Form (= Infinitiv) nach sich ziehen. Dieses steht dann immer in Verbindung mit *to*. Es handelt sich dabei um eine Infinitivkonstruktion.

Beispiele: *We always* ***have to wait*** *for Mary.*
Sam ***likes to read*** *detective stories.*

Verben, nach denen immer *to* + Infinitiv steht, sind:
have to, want to, would like to, decide to, seem to, offer to

Regel

Wenn man einen Satz in eine andere Zeitform setzt, dann wird nur das erste Verb gebeugt. Die nachfolgende Form mit *to* + Infinitiv bleibt dagegen immer erhalten.

Beispiele: *I* ***forgot to call*** *my sister.*
Ich vergaß, meine Schwester anzurufen.

Steven ***decided to play*** *ice-hockey.*
Steven hat sich entschieden, Eishockey zu spielen.

Regel

In der 3. Person Singular erhält nur das erste Verb das Endungs-*s*. Die Infinitivkonstruktion mit *to* + Infinitiv bleibt unverändert. Das heißt, es wird kein –*s* ans Verb angehängt.

Beispiele: *He* ***offers*** *Mrs Miller* ***to make*** *some coffee, but Mrs Miller* ***prefers to drink*** *a cup of tea.*

Infinitiv, Gerund und Bedingungssatz

1. Bilde Sätze. Verbinde dabei die angegebenen Verben sinnvoll und füge die einzelnen Paare in die Lücken ein.

1. want		close
2. promise		play
3. offer	to	visit
4. like		help
5. forget		sleep

1. The weather is fine today. We ____________________ football.
2. She is alone. So I ____________________ her on Sunday.
3. Jack's car is broken. Michael ____________________ him.
4. Joe gets up at 9 o'clock. But Jackie ____________________ longer.
5. It's cold in my room. My mother ____________________ the window.

2. Formuliere als Infinitivkonstruktion.

Beispiel: Patricia: „I could prepare a pizza with you."
Patricia offers to prepare a pizza with Kelly.

1. Kelly: "Oh, I didn't buy the tomatoes." (*forgot*)

   ____

2. Patricia: "So I ask my mother for some potatoes." (*decide*)

   ____

3. Kelly: "I'm so hungry. I must really eat a sandwich now." (*have*)

   ____

3.2 Die Verwendung des Gerund

Regel

Das Gerund sieht aus wie die Verlaufsform des Verbs. Es wird aus der Stammform des Verbs + *-ing* gebildet: *talk - ing*.

Das Gerund nimmt eine Mittelstellung zwischen Verb und Nomen ein. Es kann Subjekt oder Objekt sein.

Das Gerund als Subjekt
In diesem Fall wird es wie ein Nomen behandelt, allerdings nie in den Plural gesetzt.

Beispiele: *Living on a ranch is sometimes hard.*
(Auf einer Farm zu leben, ist manchmal schwer.)

Das Gerund als Objekt
In Kombination mit manchen Verben kann das Gerund als Objekt stehen.

Beispiele: *Many people hate waiting for the bus.*
(Viele Leute hassen es, auf den Bus zu warten.
Oder: Viele Leute hassen das Warten auf den Bus.)

Weitere Verben, die ein Gerund nach sich ziehen können, sind:
like, prefer, enjoy, stop.

Adjektive, die ein Gerund nach sich ziehen
Auch auf manche Adjektive kann ein Gerund folgen.
Das ist jedoch nur dann der Fall, wenn das betreffende Adjektiv mit einer Präposition kombiniert ist.

Beispiele: *I'm not **keen on** doing homework.*
*Linda is very **interested in** reading poems.*
*Are you **happy about** having a pony?*
*She is **crazy about** eating spaghetti.*

Infinitiv, Gerund und Bedingungssatz

3. Setze das passende Verb als Gerund ein.

1. ______________ ice-hockey as a winter sport is a good idea.

2. ______________ books is my favourite hobby.

3. ______________ to play the violin is not easy.

4. ______________ letters is a very personal thing.

5. I don't like ______________________ TV.

4. Die folgenden Verben und Adjektive ziehen ein Gerund nach sich. Füge die passenden Satzbausteine zusammen.

1.

1. We go	waiting too long.
2. She is happy about	being with you.
3. Till hates	sitting in the sun.
4. I like	dancing every Saturday.

1. ____

2. ____

3. ____

4. ____

Am besten ist es, wenn du diejenigen Adjektive, nach denen ein Gerund stehen kann, zusammen mit den dazugehörigen Präpositionen auswendig lernst und regelmäßig wiederholst.

3.3 Bedingungssätze

Bedingungssätze (= Konditionalsätze) bestehen aus einem *if*-Satz (Nebensatz) und einem Hauptsatz. Es gibt mehrere Arten von Bedingungssätzen. Hier lernst du eine wichtige davon kennen. Im *if*-Satz steht die Bedingung, im Hauptsatz wird ausgedrückt, was geschieht, wenn diese Bedingung erfüllt wird.

Beispiele: *If we don't hurry, we will never get there in time.*
If they go shopping, I will go riding.
If you don't go, I will go.

In Bedingungssätzen gibt es eine feste Zeitenfolge:

Regel

Steht der Hauptsatz im *will*-Futur, dann verwendet man im *if*-Satz das simple present. Das simple present im *if*-Satz deutet darauf hin, dass die Bedingung erfüllbar ist.

Unterschied zwischen *if* und *when*
Ein echter Bedingungssatz kann im Englischen nur mit *if* gebildet werden. Während ***if*** eine **Bedingung** ausdrückt, verweist ***when*** auf einen **Zeitpunkt**. *If* kann daher auch mit *falls* übersetzt werden, *when* hingegen nur mit *wenn*:

If Peter goes to Italy, he will swim in the sea. (***Falls*** *Peter ...*)
When Peter goes to Italy, he will swim in the sea. (***Wenn*** *Peter ...*)

Während es im ersten Beispiel noch gar nicht sicher ist, ob Peter nach Italien fährt, steht dies im zweiten Satz bereits fest.

Lass dich also nicht dazu verleiten, das deutsche *wenn* in jedem Fall mit dem ähnlich klingenden *when* zu übersetzen, sondern achte immer darauf, welche Satzkonstruktion du vor dir hast – vielleicht handelt es sich ja um einen Bedingungssatz.

Infinitiv, Gerund und Bedingungssatz

5. Setze die Verben in die richtige Zeit.

1. If it ____________ raining, Kathy ____________ for a walk. (stop / go)
2. We ____________ a game if you ____________ your room. (play / clean)
3. I ____________ you a call if I ____________ dancing. (give / go)
4. If they ____________ in time, mom ____________ worried. (not arrive / get)
5. If she ____________ you a letter, ________ you ________ me about it? (write / tell)

6. If oder when?

1. What do you want to do ____________ you finish school?
2. ____________ you don't stop sitting in front of the TV, I will get very angry.
3. Please turn off the radio ____________ you leave the house.

4. Nelly will be very disappointed ____________ the rain doesn't stop.
5. ____________ the bell rings, everybody leaves.

Zusammenfassung

Infinitivkonstruktionen

Es gibt Verben, die ein anderes Verb im Infinitiv nach sich ziehen. Man schließt es in der Konstruktion *to* + Infinitiv an. In diesen Fällen wird nur das erste Verb gebeugt. Es erhält also in der 3. Person Singular ein *-s* und wird in die verschiedenen Zeiten gesetzt.

*He seem***s** *to be very tired.*
*I decid***ed** *to leave.*

Gerund

Das Gerund steht als Wortart zwischen Nomen und Verb, da es zwar ein Verb ist, aber fast wie ein Nomen behandelt wird. Gebildet wird das Gerund aus der Stammform des Verbs + *ing*. Das Gerund kann entweder Subjekt oder Objekt eines Satzes sein. Es gibt auch einige Verben und Adjektive, die das Gerund mit sich führen.

I'm happy about riding this nice horse.

Bedingungssätze

Satzgefüge, die aus einem Hauptsatz und einem *if*-Satz bestehen, nennt man Bedingungssätze. Steht im Hauptsatz das *will*-Futur, so verwendet man im *if*-Satz das simple present.

If you don't close the window, we will all get a cold.
(Wenn / Falls du das Fenster nicht schließt, werden wir alle eine Erkältung bekommen.)

Mary will buy a T-shirt if she finds one that she likes.
(Mary wird sich ein T-Shirt kaufen, wenn / falls sie eines findet, das ihr gefällt.)

Wenn du in der deutschen Übersetzung das Wort *wenn* durch *falls* oder *unter der Bedingung, dass ...* ersetzen kannst, so handelt es sich tatsächlich um einen *if*-Satz. Ist das nicht der Fall, dann muss im Englischen *when* statt *if* stehen.

Infinitiv, Gerund und Bedingungssatz

Gemischte Aufgaben

1. Bilde aus den folgenden Satzteilen Sätze mit einer Infinitivkonstruktion mit *to*.

1. has / he / study

____

2. Kelly / seems / be / happy

____

3. decided / take / a plane / she / to New York

____

2. Setze die richtige Gerund-Konstruktion im simple present ein.

1. Andrew _________________________ for walks.

   (enjoy / go)

2. I'm so _________________________ you.

   (happy about / see)

3. Setzte die Verben in die richtige Zeit.

1. If my cough (not get) ________________ better, I (have / see)

   _________________________ a doctor.

2. You (like) __________________ it if you (try) ___________ it.

4. Lösungen

Kapitel 1: Wortarten

1.
   1. girls
   2. bridges
   3. cities
   4. toys
   5. scarves
   6. mice
   7. teachers
   8. glasses
   9. sheep
   10. lives

2.
   1. Do we have **any** tea in the house?
   2. No, I'm sorry, we don't have **any**.
   3. But there is **some** ice-cream in the freezer.
   4. I have to get **some** milk.
   5. There isn't **any** milk left.

3.
   1. How **much** is this book? It is 15 pounds.
   2. **Many** people go to the Oktoberfest every year.
   3. How **many** dresses do you have?
   4. We always have **much** fun when we go shopping.
   5. Let's hurry. There is not **much** time.

4.
   1. Do we have **any** coffee?
   2. Horses have hoov**es**.
   3. How **many** fish are there?
   4. Only **few** children came.
   5. There were **a few** geese.

5.
   1. Where **are** you going?
   2. It **is** very sunny today.
   3. We **are** having a lot of fun.
   4. **Are** they coming for dinner?

Lösungen

6. 1. Do you **have** any brothers or sisters?
   2. They **have** ten dogs.
   3. He **has** just bought a new car.
   4. Why **has** she left?

7. 1. We **have** nothing to eat.
   2. I'**m** very happy.
   3. Why **are** you watching TV?

8. 1. Is Jenny in your class?
   2. Where is Wales?
   3. I have a new dress.
   4. Are you hungry?
   5. Do we have enough money?

9. 1. Jill **can** ride the bike.
   2. You **must** do your homework first.
   3. **May / Can** I have a sandwich?
   4. We **mustn't** miss the bus.

10. 1. And they lived **happily** ever after.
    2. This snake is **extremely** dangerous.
    3. Don't drive too **fast**.
    4. He came **quietly** into the room.
    5. I'm **terribly** sorry.
    6. She looked **slowly** at him.

11. 1. He was a **good** tennis player.
    2. Please clean your room. It's very **dirty**.
    3. I was **terribly** worried about the test.
    4. Be **careful**.
    5. Anna can't play the piano very **well**.
    6. He ran away **angrily**.

12. 1. small — smaller — smallest
    2. surprised — more surprised — most surprised

3. important	more important	most important
4. busy	busier	busiest
5. wet	wetter	wettest
6. well	better	best
7. badly	worse	worst
8.seriously	more seriously	most seriously

13. 1. This is the **highest** mountain in Germany.
    2. I'm **terribly** tired.
    3. Be **quiet**.

14. 1. Tina gets up **at** 7 o'clock every day.
    2. The car is parked **in front of** the house.
    3. **On** Sundays, pupils don't go **to** school.
    4. I'm going to spend the night **at** my friend's house.

15. 1. Tom is interested **in** football.
    2. My little brother is afraid **of** dogs.
    3. Karen is looking **at** some magazines.
    4. I'm good **at** dancing.
    5. Ben is invited **to** a birthday party.

16. 1. Who is he afraid of?
    2. What is Karen looking at?
    3. What are you good at?
    4. Where / What is Ben invited to?

17. 1. Tracy is keen **on** horses.
    2. I live **in** Munich.
    3. Nancy is **from** London.
    4. Melissa loves to go swimming **in** summer.

18. 1. Tina asks / is asking me for a glass of water.
    2. The children get / are getting a lot of presents for Christmas.
    3. Tom listens / is listening to the news.
    4. The game starts at 6 o'clock.

Lösungen

19. 1. I like the T-shirt **because** it is blue.
    2. Nancy will call her friend **after** she finished her homework.
    3. You go on **until** you get to a big square.
    4. Do you like to meet for lunch **or** do you prefer dinner?
    5. Hurry up **before** it is too late.

20. 1. You clean the kitchen **while** I clean the bathroom.
    2. Melissa is smiling **because** she is very happy.
    3. We can go to Italy, **or** we can go to France.
    4. Jenny is ringing the doorbell, **but** nobody is there.

21. 1. **He** is barking.
    2. **We** are going to buy some flowers.
    3. **They** are moving to New York.
    4. **She** is reading.

22. 1. This is Sally's horse. It is **her** horse.
    2. Jack, are you in **your** room?
    3. Susie and Kim have missed **their** bus.
    4. Look, this is **my** bike.

Kapitel 1: Gemischte Aufgaben

1. 1. bush**es**
   2. match**es**

2. 1. How **many** potatoes are there? Five.
   2. Is there **any** water in the fridge?

3. 1. Tracy is a very **nice** horse.
   2. This skirt fits **perfectly**.

4. 1. Stop looking **at** me.
   2. The story is **on** page 14.

5. 1. **Can** I open the window?
   2. You **mustn't** fight with your brother.
   3. Nick **must** wash his car.
   4. **Can** you skate?

Kapitel 2: Satzarten

1. 1. Today Tom must go to bed early.
   2. I could lend you my bike.
   3. She has already organized the trip.

2. 1. Mariah can't come to my birthday-party.
   2. You shouldn't eat too much chocolate.
   3. Lisa mustn't leave the house today.
   4. She couldn't paint the picture this afternoon.

3. 1. **What** will you do this evening?
   2. **When** can my brother come to you?
   3. **Who** is the man with the black sunglasses?
   4. **How** many pupils are in your class?

4. 1. Do you go to the piano lesson every Tuesday?
   2. Do they go to the zoo by train?
   3. Does his uncle live in China?
   4. Does she like to sleep very late?
   5. Do you like your new home?

5. 1. Do you have a dog?
   2. Does he sleep in your bed?
   3. Do you go out with him every day?
   4. Does he like cats?

Lösungen

6. 1. Yes, I do.
   2. No, they don't.
   3. Yes, he does.
   4. No, she doesn't.
   5. Yes, I do. / Yes, we do.

7. 1. My mother wants to know **where** my brother is.
   2. The teacher was already in the classroom **when** the pupils arrived.
   3. I was really worried **because / when** you didn't call.
   4. He always knows **what** she wants.

8. 1. Tomorrow I will come over because I need your help.
   2. John takes the parcel to the post office because it's too heavy for me.
   3. My sister told me about my friend that he's ill.
   4. I go to work by bus because I can read the newspaper then.

Kapitel 2: Gemischte Aufgaben

1. 1. Should I go to the doctor's?
   2. What will Tom do on holiday?
   3. When does the music group begin to play?

2. 1. Does he like listen to music?
   2. Does your sister live in New York?
   3. Do you have a cat?
   4. Does his brother go out every night?

3. 1. I was very happy **when** you came back.
   2. You have to make your homework **before** you can watch TV.
   3. She had to wait **until** her parents were ready.
   4. I like you **because** you are a good person.
   5. My mother was in the livingroom **when** my father arrived.

Kapitel 3: Infinitiv, Gerund und Bedingungssatz

1.
    1. The weather is fine today. We **want to play** football.
    2. She is alone. So I **promised to visit** her on Sunday.
    3. Jack's car is broken. Michael **offered to help** him.
    4. Joe gets up at 9 o'clock. But Jackie **likes to sleep** longer.
    5. It's cold in my room. My mother **forgot to close** the window.

2.
    1. Kelly forgot to buy the tomatoes.
    2. Patricia decided to ask her mother for some potatoes.
    3. Kelly is hungry. She has to eat a sandwich now.

3. Mögliche Lösung:
    1. Playing ice-hockey as a winter sport is a good idea.
    2. Reading books is my favourite hobby.
    3. Learning to play the violin is not easy.
    4. Writing letters is a very personal thing.
    5. I don't like watching TV.

4.
    1. We go dancing ...
    2. She is hapy about sitting in the sun.
    3. Till hates waiting too long.
    4. I like being ...

5.
    1. If it **stops** raining, Kathy **will go** for a walk.
    2. We **will play** a game if you **clean** your room.
    3. I **will give** you a call if I **go** dancing.
    4. If they **don't arrive** in time, Mom **will get** worried.
    5. If she **writes** you a letter, will you tell me about it?

6.
    1. What do you want to do when you finish school?
    2. If you don't stop sitting in front of the TV, I will get very angry.
    3. Please turn off the radio when you leave the house.
    4. Nelly will be very disappointed if the rain doesn't stop.
    5. When the bell rings, everybody leaves.

Lösungen

Kapitel 3: Gemischte Aufgaben

1. 1. He has to study.
   2. Kelly seems to be happy.
   3. She decided to take a plane to New York.

2. 1. Andrew enjoys going for walks.
   2. I'm so happy about seeing you.

3. 1. If my cough doesn't get better, I will have to see a doctor.
   2. You will like it if you try it.

Grammatik

1. Lernjahr

1. Pronomen und Artikel

1.1 Das Personalpronomen

Im Deutschen heißen die Personalpronomen *ich*, *du*, *er*, *sie*, *es* usw. Hier siehst du die englischen Formen:

I	→	ich
you	→	du
he	→	er
she	→	sie
it	→	es
we	→	wir
you	→	ihr
they	→	sie

Präge dir diese Formen gut ein, bevor du mit den Übungen beginnst! Auf folgende Punkte musst du dabei stets achten:

Regel

- ***I*** **(ich) schreibt man immer groß.**
- ***She*** **bezeichnet stets eine weibliche Person.**
- **Sind mit dem deutschen *sie* mehrere Personen gemeint, so heißt das englische Pronomen *they*.**
- ***It*** **bezeichnet stets eine Sache oder ein Ding.**
- ***You*** **kann sowohl *du* als auch *ihr* oder *Sie* bedeuten.**

1. Wir beginnen mit einer einfachen Übung. Unterstreiche in den Sätzen das richtige Pronomen!

This is Ronny. He / She is from Leeds.
Where is my school-bag? I can't see we / it.
Who are these girls? They / I are new.
Tom, it / you are terrible!
Tim and Ken are friends. They / you go to school together.
Tom and Lucy, you / it can help me.
This is Ellen. He / She is new in my class.

2. Setze nun selbst das fehlende Pronomen ein!

This is Kevin, ________________ is from Liverpool.

His parents are the Taylors. ________________ have got a new car.

My sister and I have got a cat. ________ have got a dog, too.

Look at that window! ____________ is dirty.

I can't see Jane, where is ________________?

Hey, Lisa and Mary, ___________________ must come to my party!

______ can't come, _____________ am ill.

Helen is new in my class. ______________

is from Edinburgh.

3. Nun kommt eine etwas schwerere Übung. Übersetze die folgenden kleinen Sätze!

1. Schau, die Taylors. Sie sind aus Liverpool.

____

2. Wir haben ein Haus. Es ist sehr alt.

____

3. Schau, das ist Kevin. Er ist neun Jahre alt.

____

4. Und das ist Helen. Sie ist im Garten.

____

Pronomen und Artikel

1.2 Pronomen im Objektfall

Bevor wir uns mit diesem Kapitel beschäftigen, wollen wir zuerst einmal klären, was der Ausdruck Objektfall bedeutet. Du weißt sicher schon, dass ein Satz aus verschiedenen Satzgliedern oder Satzteilen besteht. Die häufigsten Satzglieder sind:

Regel

Subject: Subjekt/Satzgegenstand. Das kann ein Substantiv, ein Name, ein Pronomen oder auch ein Fragewort sein.

The weather is brilliant.
Tom isn't here.
We go home.
Who is ill?

Predicate: Satzaussage/Prädikt. Dieses Satzglied sagt aus, was der Satzgegenstand macht. Prädikat kann immer nur ein Verb sein.

Ken plays.
They are eating hamburgers.

Object: Satzergänzung/Objekt. Bei einem Objekt handelt es sich meist um ein Substantiv oder ein Pronomen, es steht nach dem Verb.

He plays cards.
I like him.

Verwechsle nicht die Bezeichnungen für Wortarten *(noun, article, verb, adjective)* mit denen für Satzglieder *(subject, object, predicate)*!

Die Form des Personalpronomens hängt immer davon ab, ob es Subjekt oder Objekt des Satzes ist. Das kannst du ganz einfach herausfinden:

Nach dem Subjekt fragt man: **Wer** oder **Was**?

Nach dem Objekt fragt man: **Wen** oder **Was**?

Beispiel: ***Jane*** *gives Peter an apple. (subject)*
Jane calls ***Peter****. (predicate)*

Im Objektfall lauten die Formen des Personalpronomens:

me	→	mich, mir
you	→	dich, dir
him	→	ihn, ihm
her	→	sie, ihr
it	→	es
us	→	uns
you	→	euch
them	→	sie, ihnen

Achtung! *Her* bezeichnet eine einzelne weibliche Person.
Them bezieht sich auf mehrere Personen.

4. In dieser Übung kannst du testen, ob du Satzglieder und Wortarten richtig benennen kannst. Bestimme jetzt die unterstrichenen Wörter nach Wortart und Satzglied!

1. Jenny likes tennis. ______________________
2. I often watch TV. ______________________
3. The cat plays in the garden. ______________________
4. I can't find her. ______________________
5. The boys play football. ______________________
6. She is reading a book. ______________________
7. I like chocolate ice-cream best. ______________________
8. We often go for a walk. ______________________
9. I like books. ______________________
10. Tom and Jim play cards. ______________________

Pronomen und Artikel

1.3 Das Possessivpronomen

Dieses Wort klingt ganz schön schwierig, bezeichnet aber etwas, was du sicher kennst. Das Possessivpronomen gibt an, zu wem etwas oder jemand gehört. Sieh dir zunächst einmal die Formen an:

my	→	mein(e)
your	→	dein(e)
his	→	sein(e)
her	→	ihr(e)
its	→	sein(e)
our	→	unser(e)
your	→	euer(e)
their	→	ihr(e)

Auch hier gibt es einige Besonderheiten zu beachten:

Regel

- ***Its*** **wird nur für Sachen gebraucht.** ***Look at my new sweatshirt! Do you like its color?***
- **Verwechsle nicht** ***its*** **und** ***it's*** **(es ist)!**
- ***Your*** **heißt** ***dein*** **oder** ***euer*.** **Verwechsle es nicht mit** ***you're*** **(du bist).**
- ***His*** **und** ***he's*** **(er ist) werden ebenfalls oft verwechselt. Du musst hier vorsichtig sein.**

5. Hast du dir die Formen gut eingeprägt? Dann ist diese Übung ganz leicht.

Hey Peter, is this ☐ its ☐ your sister?
What is ☐ she ☐ her name?
And this is Phil. ☐ He's ☐ His parents are from York.
Where are your parents? They are in ☐ their ☐ them shop.
That is ☐ you ☐ my book, please give it back!
☐ Our ☐ We house is right over there.
This is our shop. ☐ His ☐ Its name is "Mike's Store".

Achtung: Nun wird unsere Übung schwieriger, denn es kommen jetzt ganz verschiedene Pronomen vor.

Look Susan, Mr Beckham, ☐ he ☐ him is a German teacher.
Where are Tom and Jackie? I can't find ☐ she ☐ them.
This car is dirty, can you clean ☐ him ☐ it?
We can't do this exercise, please help ☐ we ☐ us!
Where are ☐ you ☐ he from, Ted and Timmy?
This is Mrs Grant, ☐ it ☐ she is very nice.
Susan has got many comics, she likes ☐ they ☐ them.
Look, the pen is on the floor! Can you see ☐ it ☐ him?

6. Setze in dieser Übung selbst die richtigen Pronomen ein!

This is my sister Jenny, ________________ is ten years old. She and her friend are over there. Can you see ______________?
Where are you? ___________ am here. And where is Mike? ____________ is here, too.
My car is over there. Can you see _____________?
Timmy is sitting in a box, but I can see ___________.

7. Bist du noch fit? Dann kannst du sicher auch diese Sätze übersetzen!

1. Wo sind die Kinder? Ich kann sie nicht sehen.

____

2. Die Greens haben ein neues Auto. Es ist rot.

____

3. Diese Übung ist schwierig. Kannst du mir helfen?

____

4. Nein, ich kann dir nicht helfen.

____

Pronomen und Artikel

8. In den folgenden Sätzen hast du je drei Pronomen zur Auswahl, die alle durch einen Buchstaben gekennzeichnet sind. Wenn du sie richtig einsetzt, ergibt sich ein Lösungswort.

The Thompsons are lucky, p) their house is big and new.
a) they
f) your

Look, this is t) me friend Kate!
s) us
u) my

p) Her parents have got a shop.
a) She
h) It

This is l) me school-bag.
i) my
t) him

Can you seeh) its?
s) my?
l) it?

Lösungswort: ____________________

Where are a) you toys?
s) your
z) she

9. Setze nun die fehlenden Pronomen ein!

This is Ronny's brother. __________ is in the shop. __________ mother is in the shop, too. Where is Mrs Summer? Is __________ in __________ flat? Look at the door! __________ is open. Where are __________ parents, Timmy? I can't find __________. And what is __________ name? __________ name is Ben.

Schon gewusst?

Fish and Chips-Imbissbuden gibt es in England an jeder Ecke. Frischer Fisch, meist Kabeljau und knusprige Pommes frites werden zusammen in einer Tüte verkauft. Gewürzt wird mit Salz und Essig. Schmeckt super und ist meist recht preiswert. Probier es aus, wenn du einmal in England bist!

10. Übersetze folgende kleine Sätze. Achte stets darauf, ob die Pronomen Subjekt oder Objekt sind!

1. Schau, das ist unser Haus. Es ist neu.

2. Das ist meine neue Englischlehrerin aus Leeds.

3. Wo ist Barbara? Sie muss mir helfen.

4. Ich kann diese Übung nicht machen. Sie ist sehr schwierig.

5. Wo sind deine Schwestern? Ihre Schultaschen sind hier.

6. Paul hat viele Spielsachen, aber er kann sie nicht finden.

Pronomen und Artikel

1.4 Der s-Genitiv

Der Genitiv ist der 2. Fall. Im Deutschen fragst du mit dem Wort *wessen* nach ihm.

Das ist *Peters* neues Computerspiel.
Wessen neues Computerspiel? → Peters ...

Auch der s-Genitiv zeigt an, zu wem etwas oder jemand gehört. Sieh dir diese Beispiele an:

Kevin's brother ...
My father's new car ...
Mrs Klein's house ...

Regel

Im Singular (Einzahl) steht ein Apostroph vor dem Genitiv-s.

Jetzt sehen wir uns den Plural (Mehrzahl) an. Hier einige Beispiele:

The Kleins' flat ...
The boys' hobby ...
My parents' room ...

Regel

Im Genitiv Plural, das heißt, wenn eine Sache zu mehreren Personen gehört, wird der Apostroph an das Plural-s angehängt.

Präge dir folgende Ausnahmen gut ein!

The children's classroom ...
The men's bags ...
The women's skirts ...

Denke auch daran, dass der Genitiv bei Sachen mit ***of*** gebildet wird:

*The colour **of** his new car ...*
*The name **of** this village ...*
*The door **of** the shop ...*

11. Übersetze nun folgende Genitive!

Simons neues Spiel ______

das Haus der Kleins ______

das Hobby der Frauen ______

die Wohnung der Eltern ______

Cathys neue Schuhe ______

Mrs Pitts Tasche ______

Annes Hund ______

12. Bilde nun den Genitiv!

woman/newspaper ______

the Hoppers/shop ______

Paul/teddy ______

children/books ______

boys/computers ______

Wilsons/address ______

road/name ______

men/shop ______

Sally/little dog ______

Überprüfe, ob du an alle Ausnahmen gedacht hast! Sie werden in einer Klassenarbeit ganz sicher vorkommen. Übrigens, einer der Genitive in dieser Übung wird mit ***of*** gebildet.

Pronomen und Artikel

1.5 Der unbestimmte Artikel

Der unbestimmte Artikel hat im Englischen zwei verschiedene Formen.

Regel

Beginnt das folgende Wort mit einem Konsonanten, dann lautet er *a*:
***a* bridge, *a* boy, *a* door, *a* nice day**
Beginnt das folgende Wort mit einem Vokal, so lautet er *an*:
***an* idea, *an* English word, *an* old house**

Ganz so einfach ist diese Regel aber nicht! Denn der unbestimmte Artikel richtet sich nicht nach der Schreibung, sondern nach der Aussprache. Vor einem *u*, das wie [ju:] ausgespochen wird, lautet er ***a***, obwohl *u* – also ein Vokal – geschrieben wird. Es muss also heißen:

a uniform, ***a*** unit

Umgekehrt verhält es sich z. B. vor dem Wort *hour* (die Stunde).
Hier wird zwar als erster Buchstabe ein Konsonant geschrieben. Da man bei diesem Wort das *h* aber nicht spricht, ist der erste gesprochene Laut ein Vokal. Der unbestimmte Artikel lautet also:

an hour

Regel

Noch eine Besonderheit musst du dir merken: Gibt man den Beruf einer Person an, so steht im Englischen der unbestimmte Artikel.

Mr Long is ***a*** *doctor.*
Sally Burns is ***a*** *teacher.*
Are you ***a*** *taxi driver?*

Natürlich gilt das nicht für Berufsbezeichnungen im Plural!

Mr and Mrs Burns are teachers.

Hast du es gemerkt? Unser Zauberer kennt sich schon ganz gut in der Grammatik aus. Auch du weißt jetzt, dass vor Berufsbezeichnungen der unbestimmte Artikel steht.

13. In dieser Tabelle findest du nun Adjektive und Substantive gemischt. Bilde daraus sinnvolle Ausdrücke und setze den unbestimmten Artikel davor!

Beispiel: *a nice room*

interesting	dog
old	idea
big	town
exciting	toy
German	window
nice	story
blue	cat
beautiful	dress
good	lamp
new	teacher

Pronomen und Artikel

14. Setze den unbestimmten Artikel ein!

______	child	______	old man
______	dirty window	______	unit
______	exercise	______	toy
______	hour	______	English book
______	cat	______	idea
______	woman	______	hand
______	orange	______	pet

15. Übersetze diese Sätze! Verwende die *ing*-Form und achte auf den unbestimmten Artikel!

1. Tim spielt ein aufregendes Computerspiel.

____

2. Carolyn liest eine alte Geschichte in einem Buch.

____

____

3. Susan isst einen Apfel und eine Orange.

____

4. Joe kauft eine CD in einem Geschäft.

____

Beginne immer ausgeruht mit deinen Hausaufgaben! Setze dich also nicht sofort nach dem Mittagessen an die Arbeit, sondern warte lieber eine Stunde. Auch wenn du viel zu tun hast, geh vorher kurz nach draußen. Danach kannst du dich bestimmt besser konzentrieren!

Zusammenfassung

Die Pronomen

Die Personalpronomen heißen im Englischen *I, you, he, she, it, we, you* und *they*. Das Pronomen *it* kann im Deutschen je nach seiner Bedeutung unterschiedlich wiedergegeben werden:

It *(the car)* is new. Es *(das Auto)* ist neu.
It *(the tree)* is big. Er *(der Baum)* ist groß.
It *(the bottle)* is empty. Sie *(die Flasche)* ist leer.

Can you see it *(the car)*? Siehst du es *(das Auto)*?
Can you see it *(the tree)*? Siehst du ihn *(den Baum)*?
Can you see it *(the bottle)*? Siehst du sie *(die Flasche)*?

Achtung! Dem deutschen Pronomen *ihr* entsprechen im Englischen zwei Formen: ***Their*** *house is new.* (Possessivpronomen)
Ellen and Tom, **you** *must come!* (Personalpronomen)

Die Form des Personalpronomens hängt immer davon ab, ob es Subjekt oder Objekt des Satzes ist.

Frage nach dem Subjekt: *Wer* oder *Was*?
Frage nach dem Objekt: *Wen* oder *Was*?

Der Artikel

Der unbestimmte Artikel heißt *a* vor Konsonanten *(a thing, a man)*, und *an* vor Vokalen:

an exercise,
an apple

Der Artikel richtet sich nach der Lautung, beachte deshalb die Ausnahmen:

an hour, ***a*** unit, ***a*** uniform

Achtung! Vor Berufsbezeichnungen steht stets der unbestimmte Artikel:

*He is **a** teacher. She is **a** manager.*

Pronomen und Artikel

Gemischte Aufgaben

1. Setze die fehlenden Pronomen ein!

Paul and Betty, have ______________ got a table in ______________ room?

Simon and I have got many comics. ______________ comics are very funny.

Where is Kate's sister? ______________ isn't in ______________ room.

The Taylors are in ______________________ flat.

Look at that window, ______________ is so dirty.

2. Bilde aus den angegebenen Wörtern Genitive!

Dad/newspaper ______________________________

the children/books ______________________________

my brother/room ______________________________

town/name ______________________________

puzzle/pieces ______________________________

3. Übersetze folgende Sätze!

1. Pauls neue Wohnung ist in der York Straße.

____

2. Sein Vater ist Busfahrer.

____

3. Das Haus der Taylors hat viele Zimmer.

____

4. Wo sind deine Bücher, John? Ich kann sie nicht sehen.

____

5. Sie sind auf Davids Tisch.

____

2. Satzarten

2.1 Sätze mit to be und have got

Diese beiden Hilfsverben und ihre Formen sind ganz besonders wichtig. Du musst sie also richtig gut beherrschen. Hier findest du eine Zusammenstellung der Formen des Verbs *to be*:

to be	Kurzform	dt.: sein
I am	I'm	ich bin
you are	you're	du bist
he is	he's	er ist
she is	she's	sie ist
it is	it's	es ist
we are	we're	wir sind
you are	you're	ihr seid
they are	they're	sie sind

Am Beginn des ersten Kapitels hast du dich mit einigen Regeln vertraut gemacht, die du beim Gebrauch der Pronomen zusammen mit Formen von *to be* unbedingt beachten solltest. Zusätzlich solltest du dir noch Folgendes gut einprägen:

Regel

- **Anstatt *it* kann auch jedes beliebige Substantiv stehen.**
  Beispiel:
  The house is big.
  Our cat is black and white.

- **Anstatt *they* können Namen oder Substantive im Plural stehen.**
  Beispiel:
  Tom and Mike are not at home.
  The windows are clean.
  My shoes are new.

Satzarten

Frage und Verneinung mit *to be* zu bilden ist ganz einfach. Um einen Satz zu verneinen, muss man nur *not* einfügen:

She is my sister. → *She is not my sister.*

1. Verneine nun die folgenden Sätze!

1. Tom and Francis are our friends.

___

2. I am a good tennis-player.

___

3. The weather is fine today.

___

4. The Millers are at home.

___

5. They are Peter's friends.

___

Die Frage bildet man durch Umstellen von Subjekt und Prädikat:

They are at home. → *Are they at home?*

S P **P S**

2. Verwandle nun die folgenden Sätze in Fragen!

1. Kate is from Manchester.

___

2. Mike and Peter are in your class.

___

3. This is your new house.

___

Nun zu den Formen von **have got** → haben

I have got	→	ich habe
you have got	→	du hast
he has got	→	er hat
she has got	→	sie hat
it has got	→	es hat
we have got	→	wir haben
you have got	→	ihr habt
they have got	→	sie haben

Darauf musst du achten:

Regel

- **In der 3. Person Singular steht immer *has got*.**
- **Anstatt *it* kann auch ein Name oder jedes beliebige Substantiv stehen. Es heißt also:**
  Tom has got a new bike.
  This house has got two doors.
- **Anstatt *they* können ebenfalls Namen oder Substantive im Plural stehen. Man sagt also:**
  All my friends have got a computer.
  Tom and Mike have got a secret.

Was auf der vorherigen Seite zur Bildung von Verneinung und Frage bei *to be* gesagt wurde, gilt auch bei *have got*.

Also geht die Verneinung so:

I have ***not*** *got this computer game.*
She has ***not*** *got my telephone number.*

Und die Frage? Sie geht so:

Have you got a book about old cars?
Has this house got many rooms?

Du siehst, wie es geht: Subjekt und Prädikat werden umgestellt.

Satzarten

Schon gewusst?

Stonehenge ist ein bedeutendes frühgeschichtliches Bauwerk und wurde bereits vor etwa 4000 Jahren errichtet. Es besteht aus vier Steinkreisen. Der äußerste hat einen Durchmesser von 30 Metern. Vermutlich wurden dort religiöse Feste gefeiert; vielleicht diente Stonehenge aber auch als eine Art Kalender, mit dem man Sonnen- und Mondfinsternisse bestimmen konnte.

3. Verneine diese Sätze!

1. We have got a super team.

2. Sally has got a new friend.

3. His parents have got a new car.

4. Der Satzbaukasten hilft dir jetzt bei der Bildung von Fragen.

Have / Has	you the Wilsons our Dad Sandy we	got	much homework? a big flat? a camera? a good idea? a ticket?

2.2 Kurzantworten

Im Deutschen beantwortet man die Frage „Kannst du mir helfen?“ normalerweise einfach mit *ja* oder *nein*. Im Englischen hingegen wird zur Beantwortung solcher Entscheidungsfragen meist eine Kurzantwort verwendet. Man bildet sie nach folgendem Schema:

Are you from Germany?	Yes, I am. / No, I'm not.
Is Jenny your sister?	Yes, she is. / No, she isn't.
Is that your friend?	Yes, it is. / No, it isn't.
Have you got a computer?	Yes, I have. / No, I haven't.
Has Bert got many toys?	Yes, he has. / No, he hasn't.
Have you got my comics?	Yes, we have. / No, we haven't.

Sicher hast du schon erkannt, wie die Bildung von Kurzantworten funktioniert. Im Regelkasten kannst du das nochmal genau nachlesen.

Regel

In der Kurzantwort werden die Formen von *to be* und *des Hilfsverbs* wieder aufgenommen. Das Subjekt des Fragesatzes erscheint in der Kurzantwort als Personalpronomen.
Welches Personalpronomen verwendet wird, hängt ganz von der jeweiligen Sprechsituation ab.

Wirf noch einmal einen Blick auf die ersten drei Beispiele:

you	→	I
Jenny	→	she
flat	→	it

Achtung! Auf die Frage *is that*? heißt die Antwort stets *it is oder it isn't*, auch wenn von einer Person die Rede ist.

Is that your new teacher?
Yes, it is. / No, it isn't.

Satzarten

5. Wir fangen mit einer ganz einfachen Übung an. Du musst hier nur die richtige Antwort ankreuzen.

Is Paul your new friend?	☐ Yes, he is.	☐ No, she isn't.
Have you got a map of England?	☐ No, they haven't.	☐ Yes, we have.
Is that your Dad?	☐ No, it isn't.	☐ Yes, he is.
Has Sally got a sister?	☐ No, he hasn't.	☐ Yes, she has.
Are you ill?	☐ Yes, I am.	☐ Yes, he is.
Has your Mum got a car?	☐ No, she hasn't.	☐ Yes, we have.
Are the Taylors at home?	☐ Yes, they are.	☐ No, he isn't.
Have they got a house?	☐ No, we haven't.	☐ No, they haven't.

Regel

- **Das Pronomen der Kurzantwort muss sinnvoll sein.**
  Have you …? → ***Yes I* (oder *we*) *have …***
- **Die Antwort muss insgesamt logisch sein. Lautet die Antwort *No*, so muss am Ende der Kurzantwort … *isn't, aren't, haven't* etc. stehen.**
- **Antwortest du mit *Yes*, dann darf das Wörtchen *not* natürlich nicht in der Antwort auftauchen.**
- **Achte bei der Schreibung auf den Ausdruck *hasn't*. Nach dem -s steht hier kein *e*.**

Gewöhne dir an, Vokabeln portionsweise zu lernen. Also nicht etwa 30 Wörter auf einmal! Teile sie lieber in drei kleinere Einheiten ein, die du dir dann Schritt für Schritt einprägen kannst.

6. Gib nun selbst die Kurzantworten auf diese Fragen!

1. Have you got a new address? (No) ______________________
2. Is Pete from York? (Yes) ______________________
3. Are your friends here? (No) ______________________
4. Is that your house? (Yes) ______________________
5. Are you Ben's brother? (No) ______________________
6. Is that your Mum? (Yes) ______________________
7. Has Paul got a new bike? (No) ______________________
8. Is it raining? (Yes) ______________________

Lies dir jetzt noch einmal durch, was du bei der Bildung der Kurzantwort beachten musst. Überprüfe dann, ob du die Antworten 4 und 6 richtig gemacht hast!

7. Und nun machen wir es umgekehrt. Erfinde Fragen, die zu Felix Kurzantworten passen!

____

Yes, I am.

____

No, I haven't.

____

No, it isn't.

____

Yes, I have.

____

No, I'm not.

____

Yes, it is.

Satzarten

2.3 Die Wortstellung im Aussagesatz

Im bejahten Aussagesatz gilt für die Stellung der Satzglieder in jedem Fall die folgende Regel:

Regel

S	P	O
Subjekt	**Prädikat**	**Objekt**
Satzgegenstand	**Satzaussage**	**Satzergänzung**

Beispiele:

S	P	O
Benny	*plays*	*the guitar.*
He	*likes*	*pop music.*

Bis hierher ist es einfach. Manchmal unterscheidet sich jedoch die englische Wortstellung von der deutschen. Vergleiche diese Sätze:

Deutsch: Manchmal gehen wir ins Kino.
P S

Englisch: *Sometimes we go to the cinema.*
S P

Wird der Satz durch Zeit- oder Häufigkeitsangaben erweitert, so gilt: Zeitangaben *(today, at ... o'clock)* stehen immer am Anfang oder am Ende des Satzes.

Today John is ill. / He must come at 10 o'clock.

Treffen Orts- und eine Zeitangabe zusammen, dann gilt **Ort vor Zeit**.

Let's meet in York Road at 7 o'clock.

Angaben über die Häufigkeit stehen zwischen Subjekt und Verb.

He often comes ... We sometimes go ...

8. Bilde aus den folgenden Wörtern Sätze! Achte auf die richtige Reihenfolge!

1. Today / be / the Millers / not at home.

2. Every Saturday / to the football stadium / Mr Miller / goes.

3. He / of Leeds United / a fan / be.

4. Watching TV / are / the others.

Auch für Anfänger gibt es eine große Auswahl spannender Lektüre, z. B. den Sherlock Holmes-Krimi "The Hound of the Baskervilles" von A. C. Doyle.

9. Ordne jetzt die Angaben über Zeit und Häufigkeit richtig in den Satz ein!

1. Go to bed / at 10 o'clock / usually / he.

2. Let's / to the cinema / tonight / go.

3. Mum / to school / take us / every morning.

4. Sometimes / visit / I / friends / at the weekend.

5. Mr Johnson / show photos of the Statue of Liberty / at school / often.

Satzarten

Schon gewusst?

Sicher hast du es sofort erkannt, das berühmte Wahrzeichen von New York – die Freiheitsstatue. Sie steht auf Liberty Island am Hafeneingang der Stadt. Die gewaltige Statue hat eine Höhe von 46 Metern und steht zudem auf einem 40 Meter hohen Podest. Sie war ein Geschenk Frankreichs an die Vereinigten Staaten und wurde 1886 aufgestellt.

10. Übersetze! Achte dabei stets auf die S-P-O-Regel!

1. Gewöhnlich geht mein Vater am Morgen in sein Büro. (*office*)

____

2. Jeden Montag arbeitet er zu Hause.

____

3. Oft lese ich Comics, aber ich mag auch Bücher.

____

4. Jedes Jahr fahren unsere Eltern mit uns nach Italien.

____

5. Jenny trinkt gerade eine Flasche Cola.

____

6. Manchmal trinkt sie lieber (*prefers*) Eistee.

____

7. Sonntags besucht Mrs Burns ihre Eltern.

____

2.4 Imperativ und Aufforderung

Manchmal fordert man andere Leute dazu auf, etwas Bestimmtes zu tun. Solche Sätze nennt man Befehlssätze. Der grammatikalische Fachausdruck hierfür lautet Imperativ (engl.: *imperative*). Er ist ganz leicht zu bilden und hat dieselbe Form wie der *Infinitv ohne to*. Es heißt also:

Help me!
Be quiet!
Go away!

Regel

- **Du erkennst den Imperativ am Ausrufezeichen.**
- **Es gibt nur eine Form für Singular und Plural.**
- **Ein Befehlssatz kann natürlich auch verneint werden. Du musst dazu nur ein *don't* vor das Verb setzen. Solche Sätze hast du sicher schon oft gehört.**

Don't *make such a noise!*
Don't *be so silly!*
Don't *eat that!*

Es gibt auch eine höflichere Form des Befehls. Bei dieser Art der Aufforderung bezieht der Sprecher sich selbst mit ein:

Let's *go to the party.*
Let's *eat something now.*
Let's *phone uncle Fred.*

Am nächsten Beispiel kannst du erkennen, wie ein Aufforderungssatz verneint wird. Du musst dafür nur ein ***not*** zwischen *let's* und dem darauf folgenden Verb einfügen.

Let's ***not*** *go by bus today.*
Let's ***not*** *forget to buy bananas.*

Satzarten

11. Oh, ist das langweilig heute! Was könnten wir denn tun? Mache Vorschläge!

Eine CD anhören: ______________________

Einen Pudding machen: ______________________

Comics lesen: ______________________

Gitarre spielen: ______________________

Ein Lied schreiben: ______________________

Nicht Schule spielen: ______________________

12. Der kleine Sammy nervt. Aber Felix sagt ihm, was er zu tun und zu lassen hat. Bilde Felix Befehlssätze!

Beispiel: Er trinkt zu viel Limonade.
Don't drink so much lemonade!

1. Er ist zu laut.

____

2. Er geht nicht hinaus.

____

3. Er benutzt deinen mp3-player.

____

4. Er schaut zu viel Fernsehen.

____

5. Er spielt mit deinem Gameboy.

____

6. Er isst seine Banane nicht.

____

13. Bilde Befehlssätze!

Du musst ...

1. ... deine Hausaufgaben machen.

___

2. ... früh ins Bett gehen.

___

3. ... draußen spielen.

___

4. ... am Morgen Milch trinken.

___

5. ... mit dem Hund spazieren gehen.

___

6. ... Jenny deine Fotos von Schottland zeigen.

___

Mit der folgenden Übung kannst du die Satzarten nochmals wiederholen.

14. Frage nach den unterstrichenen Wörtern!

1. We are from <u>Birmingham</u>.

___

2. <u>Yes</u>, Daniel is my friend.

___

3. <u>No</u>, she hasn't got my telephone number.

___

4. <u>Paul</u> is new in our class.

___

Satzarten

Zusammenfassung

Sätze mit *to be* und *to have*
In Sätzen mit einer Form von *to be* kann statt *it* jedes beliebige Substantiv stehen.

The Wilson's flat is small.

Bei Sätzen mit einer Form von *have got* steht in der 3. Person Singular immer *has got*. Auch hier kann statt *it* jedes beliebige Substantiv stehen.

My brother has got a guitar.

Kurzantworten
Auf Fragen, die im Deutschen einfach nur mit *Ja* oder *Nein* beantwortet werden, folgt im Englischen eine Kurzantwort. Die Kurzantwort nimmt das Hilfsverb oder die Form von *to be* wieder auf. Das Subjekt des Fragesatzes erscheint in der Kurzantwort als Personalpronomen:

Is Helen your friend?
Yes, she is / No, she isn't.

Wortstellung im Aussagesatz
Achte stets auf die Wortstellung S – P – O.

Pass auf, wenn eine Zeitangabe am Anfang des Satzes steht, denn auch in diesem Fall gibt es Abweichungen vom Deutschen.

In the morning we **(S)** *have breakfast* **(P)** *in the kitchen.*

Beachte auch, dass die Ortsangabe immer vor der Zeitangabe steht.

I met him in London ***(Ort)*** *last year* ***(Zeit)***.

Aufforderungssätze
Der Imperativ hat die Form des Infinitivs ohne *to*.

Come here!
Help your friend!

Er wird verneint, indem man ein *don't* vor das Verb setzt.

Don't forget to buy milk!

Gemischte Aufgaben

1. Put the following sentences into the right order!

1. My Mum and Dad / out in the evening / are / sometimes.

2. I / meet him / next year / want / in Germany.

3. I / the dog / in the park / for a walk / on Sundays / take.

4. Often / a trick / him / teach / I.

5. I / go / must / because / late / am / I.

2. Translate the following sentences!

1. Wir machen oft im Sommer ein Picknick.

2. Wir haben immer genügend zu essen (dabei).

3. Lasst uns um neun Uhr in den Park gehen.

4. Toms Bus kommt oft zu spät.

5. Sieh dir Helens neues Fahrrad an!

3. Zeiten

3.1 Present tense (progressive form)

Im Englischen gibt es für jede Zeit zwei Formen: die *simple form* und die *progressive form* (Verlaufsform oder ing-Form). Die Verlaufsform der Gegenwart (*present progressive*) bildet man so:

Regel

Form von *to be (am, is, are)* + Verb + -ing.

Beispiele: *Tony is sleep**ing**.*
*I am go**ing** home.*
*They are sitt**ing** in the kitchen.*

Bei der Schreibung musst du auf folgende Besonderheiten achten:

Ein stummes (nicht gesprochenes) -e am Ende des Wortes entfällt.

shine → *shining*

Nach kurzem betonten Vokal wird der Endkonsonant verdoppelt.
sit → *sitting*

Regel

Um einen Satz in der Verlaufsform zu verneinen setzt man einfach *not* vor das Verb.
She is not playing cards.

Um eine Frage zu bilden dreht man einfach das Subjekt und die Form von *to be* um.
***They are singing a song.* (Aussagesatz)**
***Are they singing a song?* (Fragesatz)**

Verwendung: Diese Form drückt aus, was jemand jetzt / gerade / im Augenblick des Sprechens tut oder welcher Vorgang gerade abläuft.

1. Übe zunächst nur die Schreibung der Verlaufsform. Auch wenn du die Bedeutung mancher Verben nicht kennst, kannst du mithilfe der Regeln die richtigen Formen bilden.

play	______________	see	______________
hit	______________	have	______________
come	______________	ask	______________
ride	______________	get	______________
sail	______________	take	______________

2. Setze in den folgenden Sätzen die Verben in der *ing-form* ein!

Kate (wait) ______________ in her room.

__________ you (watch) __________ TV?

The children (play) ______________ basketball.

She (write) ______________ a letter.

We (wait) ______________ for the postman.

Dad (not drive) ______________ fast.

I (not feel) ______________ good this morning.

3. Bilde nun Sätze aus den folgenden Wörtern. Verwende das *present progressive*!

1. Dave / play / a computer game.

____

2. Mum / read / a magazine.

____

3. Dad / go for a walk / with the dog.

____

4. They / not study / for the test.

____

Zeiten

4. Entscheide welche *ing-form* hier richtig ist!

Today Jane ☐ is going ☐ am going ☐ are going to school by bus.

We ☐ is watching ☐ am watching ☐ are watching TV.

I ☐ is cleaning ☐ am cleaning ☐ are cleaning my room now.

5. Übersetze nun folgende Sätze! Verwende alle Verben im *present progressive*!

1. Meine Mutter spricht mit meinem Lehrer.

____

2. Michael trägt sein neues Sweatshirt.

____

3. Unsere Katze schläft im Garten.

____

4. Kate und Jenny spielen nicht Basketball mit den Jungen.

____

5. Warum singst du dieses doofe Lied?

____

____

6. Meine Schwester wäscht ihre schmutzigen Hände.

____

____

Wiederholung ist wichtig! Meist vergisst man einige der neu gelernten Wörter bereits nach einer Woche wieder, wenn man sie nicht schon nach wenigen Tagen zum ersten Mal wiederholt.

3.2 Present tense (simple form)

Vorgänge, die häufig, manchmal oder regelmäßig ablaufen, werden im Englischen im *simple present* wiedergegeben. Die Form des *simple present* entspricht dem Infinitiv.
Es gibt allerdings eine Ausnahme:
In der 3. Person Singular wird ein -s an das Verb angehängt.
Präge dir am besten diesen Merksatz ein:

Regel

he, she, it: **das -s muss mit!**

Beispiele:	I	always	drink tea.
	You	never	visit me.
	He/she/it	often	**talks** to the teacher.
	We	sometimes	play football.
	You	often	watch TV.
	They	never	come home late.

Achte auf folgende Besonderheiten in der Schreibung:

Regel

- **Nach Zischlauten *(s, z, x)* wird in der 3. Person Singular -es angehängt. → *he watches, she mixes, it freezes.***
- **-y nach Konsonant wird zu -ie:** ***carry → he carries***
  -y nach Vokal bleibt erhalten: ***play → she plays***
- **Die Verben *go* und *do* haben in der 3. Person Singular unregelmäßige Formen → *does / goes***

Achtung! Das -s wird wird nicht nur dann angehängt, wenn *he*, *she* oder *it* Subjekt des Satzes ist. Diese Regel gilt natürlich auch, wenn ein beliebiges Substantiv im Singular der Satzgegenstand ist:

A train ***comes*** *in.*
The sun ***shines*** *in summer time.*

Zeiten

6. Bilde das *simple present* der folgenden Verben!

Jane (cry)	______	Julie (read)	______
the house (stand)	______	she (sing)	______
he (watch)	______	Jill (work)	______
who (know)	______	Mrs Hall (look)	______

7. Entscheide hier, ob du ein *-s* anhängen musst!

the cat (sleep)	______	we (talk)	______
you (wait)	______	Dad (run)	______
Betty (dream)	______	I (try)	______
they (help)	______	the rain (fall)	______
Mr Hall (find)	______	it (rain)	______

8. Setze die richtigen Formen in den Text ein!

On Saturdays I always (go) ______ for a walk. I (take) ______ my dog Terry with me. Terry (like) ______ these walks. Helen always (do) ______ her homework, and her brother Sammy (help) ______ Mum in the kitchen. Sometimes we (visit) ______ the zoo. I (like) ______ the elephants best. Judy, the monkey, always (come) ______ towards us, then she (get) ______ something to eat. In the evening we often (watch) ______ TV. I (want) ______ to see the football matches, but Helen (love) ______ the big TV shows. Terry (prefer) ______ old films. Mum and Dad often (read) ______ a book, and we all (go) ______ to bed early. Only Sammy (stay) ______ up late to see the night film.

Schon gewusst?

William Shakespeare (1546-1616) ist sicher der bekannteste Dichter Englands. Er hat fast 40 Theaterstücke geschrieben, die zum Teil heute noch im Theater aufgeführt werden. Vielleicht kennst du sein Stück „Romeo und Julia". Es wurde vor einigen Jahren in einer modernen Version mit Leonardo DiCaprio und Claire Danes verfilmt.

9. Übersetze nun folgende Sätze! Verwende stets das *simple present*!

1. Kate liest am Abend immer die Zeitung.

___

2. Jeden Montag gehen wir ins Kino.

___

3. Mama schreibt manchmal eine E-mail.

___

4. Die Katze schläft unter meinem Bett.

___

5. Am Sonntag rufen wir immer Onkel Fred an.

___

6. Kate geht früh ins Bett.

___

Zeiten

3.3 Simple present und present progressive im Vergleich

Wann verwendet man nun welche Form? Die Grundregeln für den Gebrauch der Zeitformen hast du schon kennen gelernt. Hier sind sie noch einmal zusammengefasst:

Regel

Das *simple present* bezeichnet Vorgänge oder Handlungen, die oft, immer, nie, regelmäßig oder hintereinander ablaufen.

Beispiele: *On **Sundays**, we sleep until 8 o'clock.*
*Dad **often** goes for a walk with the dog.*
***First** he makes tea, **then** he wakes us up.*

Regel

Das *present progressive* bezeichnet Vorgänge oder Handlungen, die im Moment des Sprechens ablaufen. Der Sprecher gibt also das wieder, was er gerade sieht oder hört.

Beispiele: *She's working in the garden **at the moment**.*
*Mum is making a pudding **now**.*

Aber auch mit diesen beiden Grundregeln ist es nicht immer einfach, die richtige Form herauszufinden. Achte deshalb auf bestimmte Signalwörter im Satz, die dir bei der Auswahl der richtigen Form helfen. Begriffe wie *often* (oft), *usually* (gewöhnlich), *sometimes* (manchmal), *never* (nie), *every ...* (jeden), *first ... then* (erst ... dann) zeigen dir an, dass du die *simple form* benutzen musst.

Wenn du dagegen *now* (jetzt gerade), *at the moment* (im Augenblick) liest, musst du die *progressive form* verwenden.

Achtung! Wird in einer Übung der Satz mit Ausrufen wie *Look*! oder *Listen*! eingeleitet, dann bedeutet das, dass der Sprecher etwas sieht oder hört, was gerade passiert. Diese Wörter sind sichere Hinweise auf das *present progressive*.

10. Bilde aus den folgenden Wörtern Sätze! Achte dabei auf die richtige Verwendung von *simple present* und *present progressive*!

1. Usually / he go / by bus.

2. But today / he walk / to school.

3. Now / I / watch TV.

4. Sometimes / I / go for a walk / on Sundays.

5. Look, / the train / come in.

6. On Sundays / get up / I / early.

7. Listen! The girls sing / but the boys laugh.

Wenn du für eine Klassenarbeit lernst, mache dir am besten ein bis zwei Wochen vorher einen Plan. Schreibe die Themen, die du vorbereiten musst, auf Zettel und hefte diese an eine Pinnwand. So kannst du sehen, was als nächstes dran ist und wie viel du noch zu tun hast.

Zeiten

11. Das war zwar nicht soooo schwierig, aber jetzt gibt es trotzdem etwas zum Entspannen. Übersetze diese Verben und trage die ing-Formen in die Kästchen ein:

1. rufen, 2. sitzen, 3. weinen, 4. bewegen, 5. nehmen, 6. erzählen

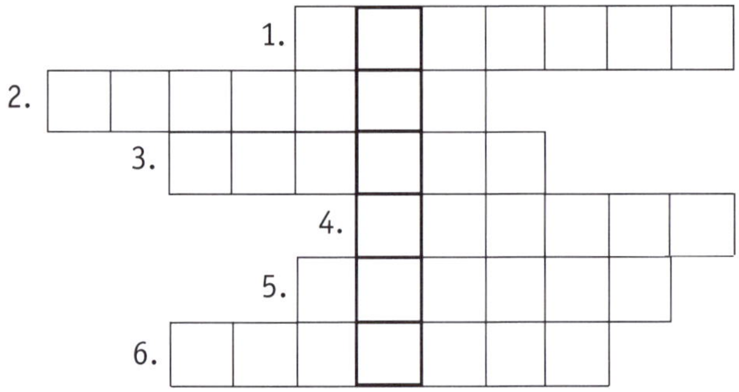

Wie heißt das Lösungswort? ____________________

12. Setze nun die richtigen Verbformen in den Text ein!

Paul's day

Every day, Paul (get up) ____________ at 6.30, then he (brush) ____________ his teeth and (go) ____________ to school with his friend Pete. Today they (run) ____________, because they are late. The friends usually (have) ____________ lunch at school, but today they (go) ____________ to the hamburger stand. Paul always (come) ____________ home at five o'clock. Then he (do) ____________ his homework. Sometimes he (play) ____________ with his dog, but now he (talk) ____________ to his friend Pete on the phone. Pete (tell) ____________ some interesting things about a new girl in class. Paul usually (go) ____________ to bed at 10 o'clock. Good night, Paul!

Erkennst du, warum Felix in seinem Satz einmal das *simple present* und einmal das *present progressive* benutzt? Er erzählt dir zuerst, was er oft macht (fliegen), dann beschreibt er, was er in diesem Moment tut (ein Buch lesen). Hier ist das *present progressive* die richtige Form.

13. Zeige in dieser Übersetzung, ob du das *simple present* und das *present progressive* unterscheiden kannst:

1. Der Zug kommt immer um elf Uhr an.

2. Manchmal nehme ich den Bus, aber heute gehe ich zu Fuß.

3. Jeden Montag spiele ich mit Freunden Tennis.

4. Hallo Kinder, was macht ihr gerade? Wir erzählen Geschichten.

5. Die Campbells frühstücken gerade.

6. Sie frühstücken jeden Tag um sieben Uhr.

7. Ihr könnt nicht hinausgehen, es regnet gerade.

8. Sandy ruft jeden Sonntag bei ihrer Oma an.

Zeiten

3.4 Simple past

Wenn man über etwas spricht, das sich in der Vergangenheit ereignet hat, dann verwendet man im Englischen das *past tense*. Dem entspricht im Deutschen das Präteritum (ich kam, sie sagte). Auch diese Zeit hat eine *simple form* und eine *progressive form*. Wir werden hier nur auf die *simple form* eingehen.

Regel

Die meisten Verben bilden das *past tense* durch Anhängen der Endung -ed.

Beispiele:

*I walk**ed***
*She play**ed***
*We help**ed***
*He call**ed***
*They watch**ed***
*You laugh**ed***
*I work**ed***

Du siehst hier, dass diese Form für alle Personen gilt, also auch für die 3. Person Singular.

Leider gibt es von dieser einfachen Grundregel auch Ausnahmen, die so genannten **unregelmäßigen Verben**. Für die Bildung des *past tense* dieser Verben gibt es keine Regel; du musst diese Formen auswendig lernen:

present	*past*	*present*	*past*	*present*	*past*
have	**had**	leave	**left**	take	***took***
go	**went**	do	**did**	tell	***told***
get	**got**	be	**was/were**	come	***came***
stand	**stood**	make	**made**	meet	***met***
think	**thought**	know	**knew**	see	***saw***
fly	**flew**	give	**gave**	can	***could***
put	**put**	find	**found**	say	***said***

Das *simple past* wird verwendet, um Vorgänge zu beschreiben, die in der Vergangenheit abgeschlossen wurden.

Last summer the Wilsons visited the Rocky Mountains.
They saw a lot of wild animals.

14. Bilde das *simple past* der folgenden Verben!

we (put)	______	the plane (land)	______
she (be)	______	they (say)	______
I (use)	______	the dog (bark)	______
we (know)	______	you (tell)	______
it (stop)	______	she (invite)	______
I (move)	______	you (watch)	______
it (stand)	______	the train (leave)	______

15. Jetzt gibt es ein kleines Quiz mit regelmäßigen und unregelmäßigen Verben im *simple past*.

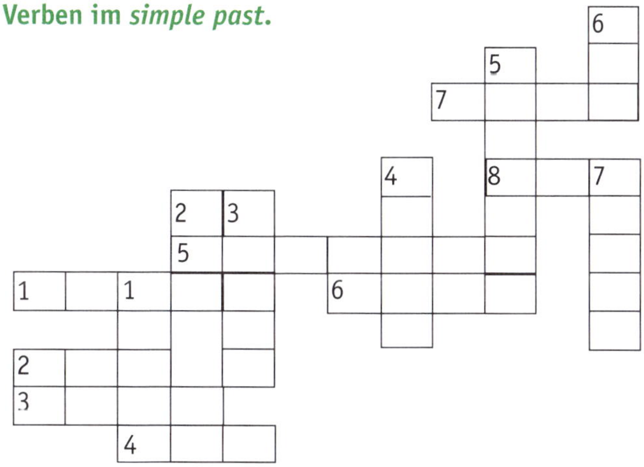

Across: 1. fly 2. have 3. know 4. do 5. arrive 6. leave 7. go 8. put
Down: 1. end 2. see 3. cry 4. live 5. help 6. meet 7. try

Zeiten

16. Übersetze nun folgende Sätze!

1. Ich war gestern nicht zu Hause.

2. Susan und ich gingen ins Kino.

3. Wir sahen einen lustigen Film.

4. Dann wollten wir mit dem Bus heimfahren.

5. Aber wir verpassten (*to miss*) den Bus.

6. Dann nahmen wir ein Taxi.

7. Aber der Taxifahrer konnte unsere Straße nicht finden.

8. Wir halfen ihm, dann lachten wir alle.

In einigen dieser Sätze kommt ein unregelmäßiges Verb vor. Wiederhole diese Formen immer wieder, denn sie werden in einer Klassenarbeit sicher drankommen.

Hier ein kleiner Trick, wie du dir Vokabeln dauerhaft einprägen kannst: Kreuze beim Wiederholen der neu gelernten Wörter all diejenigen an, die du nicht wusstest, und wiederhole sie so lange, bis du sie beherrschst.

3.5 Past progressive

Auch im *past tense* gibt es im Englischen eine *progressive form*. Sie ähnelt der Verlaufsform des *present progressive*, hat aber eine vergangenheitsbezogene Bedeutung.

Regel

Das *past progressive* bildet man mit den Vergangenheitsformen von *to be* (*was, were*) + Verb + -ing.

Beispiele:
*I **was** watch**ing** TV.*
*Tony **was** sleep**ing**.*
*We **were** sperak**ing**.*
*They **were** do**ing** their homework.*

Für die Schreibung der ing-Form gelten die gleichen Regeln wie beim *present progressive*. Es ändert sich nur die Form von to be zur Vergangenheitsform:

Beispiele:
*She **was not** play**ing** cards.*
***Was** he writ**ing** a letter?*
***Were** they sing**ing** a song?*

Regel

Die Verlaufsform des *past tense* verwendet man für Handlungen in der Vergangenheit, die gerade passierten. Es steht auch für Hintergrundhandlungen oder Begleitumstände in Berichten. Im Deutschen steht in diesem Fall oft das Perfekt.

Beispiele:
*What **were** you doing yesterday afternoon?*
*I **was playing** tennis.*
*He **was speaking** English.*
*We **were listening** to music.*

Zeiten

17. Setze die Infinitive ins *past progressive*.

1. The Taylors (watch) TV last night.

2. I (learn) my English vocabulary in the afternoon.

3. We (play) games all the time.

4. Mrs Miller (clean) the dishes?

18. Übersetze mit dem *past progressive*.

1. Was hast du gestern mittag um drei Uhr gemacht?

2. Ich habe gestern abend die ganze Zeit gelesen.

3. Was haben Sie letztes Wochenende gemacht?

4. Wir waren den ganzen Tag im Schwimmbad.

3.6 Simple past und past progressive im Vergleich

Wir wollen noch genauer schauen, wann man welche Form des *past tense* genau verwendet. Beide nimmt man ja für Handlungen, die zu einem bestimmten Zeitpunkt in der Vergangenheit stattfanden und abgeschlossen sind.

Regel

Das *simple past* drückt aus, dass eine Handlung zu einem bestimmten Zeitpunkt in der Vergangenheit geschah, das *past progressive* drückt aus, dass eine Handlung zu einem bestimmten Zeitpunkt in der Vergangenheit im Verlauf war.

Beispiele: *Simple past:*
I ***phoned*** *my friend yesterday.*
The dog ***barked*** *this morning.*
Past progressive:
I ***was talking*** *to her for hours.*
We ***were talking*** *along walk.*

Regel

Häufig kombiniert man beide Zeitformen im Englischen im gleichen Satz. Dabei bezeichnet das *past progressive* die Hintergrund-handlung. Das ist die Handlung, die längere Zeit andauert. Die zweite Handlung, die währenddessen plötzlich einsetzt und oft nur kurz währt, setzt man ins *simple past*. Bei diesem Satzmuster gebraucht man in der Regel die Konjunktionen *when* oder *while* zur Einleitung des Nebensatzes.

Beispiele: *I* ***was watching*** *TV when Mum* ***came*** *in.*
While they ***were writing*** *a test, the alarm bell* ***rang****.*
When I ***was doing*** *the washing-up, I* ***broke*** *a plate.*
I ***was having*** *dinner when I suddenenly* ***heard*** *a loud bang.*

Zeiten

19. Verwende in den folgenden Sätzen jeweils einmal das *simple past* und einmal das *past progressive*.

1. Jack (break) his left leg when he (play) football a week ago.

___

2. Mary (listen to) her new CD when Jenny (call) her on the phone.

___

3. When the thief (climb) over the wall the dog (bark).

___

4. While they (have) breakfast, the door bell (ring).

___

5. When my father (work) in the garden, an old friend (pass) by.

___

20. Berichtige die Sätze. Hier hat sich jeweils ein Fehler bei den *past tense* Formen eingeschlichen.

1. When Mr Johnson read the newspaper, his wife came home.

___

2. Sandy was writing a letter when John was calling on the phone.

___

3. While Mr Hill waited outside, the mechanic checked the car.

4. I was running down the football field when the referee was whistling.

5. I watched TV when the doorbell was ringing.

21. Setze die folgenden Sätze richtig zusammen. Verwende in jedem Satz eine Hintergrundhandlung und eine plötzlich einsetzende zweite Handlung. Vergiss die Konjunktionen nicht!

1. Tom – cut – finger / help – his mother – in the kitchen.

2. Mr Simpson – crash – into the wall / drive – the car – out of the garage.

3. We – look at – the shop windows / the accident – happen.

4. We – watch – the film in the cinema / Joanna´s mobile phone – ring.

Zeiten

3.7 Present perfect simple and progressive

Beim *present perfect* muss man wiederum zwischen zwei Formen unterscheiden, der *simple form* und der *progressive form*.

Simple form

Regel

Die *simple form* des *present perfect* setzt sich zusammen aus einer Form des Hilfsverbs *have* und dem *past participle*. Das *past participle* wird aus der Stammform des Verbs und der Endung *-ed* gebildet; also genauso wie das *simple past*.

Beispiel: *walk → He has / We have walked*

Regel

Allerdings gibt es auch beim *present perfect* unregelmäßig gebildete Formen.

Beispiel: *give → He has given*

Vergleiche auch dazu die Übersicht auf den Seiten 207 und 208.

Regel

Um im *present perfect* die Verneinung zu bilden, wird hinter *have / has* ein *not* gesetzt. Die Frage bildest du, indem du *have / has* und das Subjekt einfach vertauschst.

Beispiele: *Lilly has* ***not*** *arrived yet.*
You have ***not*** *cleaned your room.*

Have you seen Angie?
Has anything happened?

Regel

Das *present perfect* benutzt du immer dann, wenn du eine Handlung ausdrücken willst, die in der Vergangenheit begonnen hat, die aber für die Gegenwart noch Bedeutung hat.
Die *simple form* des *present perfect* wird verwendet, wenn man die Wirkung darstellen möchte, die eine vergangene Handlung auf die Gegenwart hat. Es geht hier also vor allem um das Ergebnis dieser Handlung. Nach folgenden Signalwörtern muss die *simple form* stehen: *ever, never, often, already, just, not yet*.

Beispiele:

*I **have** just **finished** my coffee.* → *The cup is empty now.*

*Jenny **has** never **eaten** caviar in her life.*
(Es geht hier um die Tatsache, dass Jenny bis in die Gegenwart hinein noch nie Kaviar gegessen hat. Diese Tatsache ist gewissermaßen ein Ergebnis ihrer Vergangenheit.)

Progressive form
Auch die *progressive form* wird verwendet, wenn man ausdrücken möchte, dass eine Handlung in der Vergangenheit begonnen und gerade erst aufgehört hat bzw. in der Gegenwart noch andauert. Der Unterschied zur *simple form* besteht darin, dass hier die Betonung auf der Dauer der Aktivität liegt.

Regel

Die *progressive form* setzt sich aus einer Form von *have, been* und der *ing*-Form des Verbs zusammen.

Beispiele: *I **have been living** here for twelve years.*
*Kathy **has been waiting** for an hour.*

Achtung! Bei der deutschen Übersetzung muss man manchmal das Präsens verwenden: *Ich lebe hier seit 12 Jahren.*

Zeiten

Regel

Die Verneinung bildest du, indem du hinter *have / has* ein *not* setzt. Die Frage bildest du, indem du *have / has* und das Subjekt einfach vertauschst. Viele Fragen werden im *present perfect progressive* auch mit den Worten *how long* eingeleitet.

Beispiele: *I haven't been waiting for you.*
Have you been waiting here for long?
How long have you been living here?

Englische Sätze im *present perfect progressive* werden in der deutschen Übersetzung oft mit dem Wort *seit* eingeleitet. Im Englischen gibt es dafür zwei verschiedene Wörter: *since* und *for*. Mit ***since*** verweist man auf einen **festen Zeitpunkt**.
For wird verwendet, wenn man von einem **Zeitraum** spricht, innerhalb dessen eine Handlung stattfindet.

Beispiele:

*Judy has been waiting to go there **since last Christmas**.*
(*Judy wartet seit letztem Weihnachten, um dorthin zu gehen.*)
→ Das letzte Weihnachten als Anfangspunkt des Zeitraums, während dessen Judy wartet.

*Marc has been waiting **since 4 o'clock**.*
(*Marc wartet seit vier Uhr.*)
→ Vier Uhr als Zeitpunkt, an dem das Warten begann.

*Tom has been waiting **for two hours**.*
(*Tom wartet seit zwei Stunden.*)
→ Zwei Stunden als Zeitraum, während dessen Tom wartet.

Achtung: Hast du eine Zeitangabe mit *all,* brauchst du kein *for.*

*She has been living here **all** her life.*

Pass auf, dass du das englische *for* nicht mit dem deutschem *vor* verwechselst. Sie klingen zwar gleich, aber das Wort für *vor* lautet *ago*. Im Gegensatz zu *for* und *since*, die du zusammen mit dem *present perfect* verwendest, steht *ago* beim *simple past*.

Beispiele:

He has been working here ***for two weeks****.* (*present perfect continuous*)
aber:
He met her ***a week ago****.* (*simple past*)

***Simple past* oder *present perfect*?**
Handelt es sich um eine abgeschlossene Situation, dann nimmst du das *simple past*. Hat die beschriebene Situation einen Bezug zur Gegenwart, dann verwendest du das *present perfect* (*simple form*). Beachte dabei, dass die *continuous form* des *present perfect* im Deutschen meist als Präsens wiedergegeben wird.

She has been living *here for two years.* → ***Sie lebt*** *hier ...*

Obwohl bei den regelmäßigen Verben sowohl im *simple past* als auch im *present perfect* ein *-ed* angehängt wird, handelt es sich streng genommen nicht um dieselbe Form. Dies wird bei den unregelmäßigen Verben deutlich. In der Tabelle auf den Seiten 207 und 208 steht die Form für das *simple past* in der zweiten Spalte, für das *present perfect* verwendet man die Form in der dritten Spalte: das ***past participle***.

Lege dir Karteikarten an, auf denen du die Verben notierst, die sich auf die gleiche oder ähnliche Weise im *simple past* oder *present perfect* verändern. Also beispielsweise wie *bring* und *buy* oder *keep* und *sleep*.

Zeiten

22. Setze die Verben ins *present perfect* (simple form).

1. talk we ______
2. change they ______
3. listen she ______

23. Bilde das *present perfect* (simple form) folgender unregelmäßiger Verben.

1. take I ______
2. show he ______
3. see we ______
4. bring they ______

24. Übersetze diese Sätze mit dem *present perfect* (simple form).

1. Warst du jemals in New York?

______

2. Lisa ist noch nicht zurückgekehrt.

______

3. Ich habe noch nie das Empire State Building gesehen.

______

Schon gewusst?

Die größte Stadt der USA ist New York. Sie besitzt etwa 8,37 Millionen Einwohner. Manhattan ist wohl der bekannteste Stadtteil. Zusammen mit anderen namhaften Bezirken wie Brooklyn, die Bronx, Queens und Staten Island bildet Manhattan das Stadtgebiet von New York.

25. Setze die Verben ins *present perfect continuous.*

1. How long (read, you) ______________________ this magazine?
2. Kim (work) ______________________ in the garden for hours.
3. We (live) ______________________ in Los Angeles since 1987.
4. You (not listen) ______________________!
5. What (do, you) ______________________?

26. *Since, for* oder *ago*?

1. We have had the dog ______________________ last week.
2. They have been friends ______________________ years.
3. I saw the movie a week ______________________.
4. She has been working as a manager ________________ six months.

Zeiten

3.8 Present perfect und simple past im Vergleich

Bei der Verwendung des *past tense* muss man nicht nur überlegen, ob das *simple past* oder das *past progressive* die richtige Form ist. Man muss auch entscheiden, ob das *simple past* die angemessene Zeitstufe ist oder das *present perfect*.

Regel

Mit dem *simple past* bezieht man sich auf Handlungen, die zu einem bestimmten Zeitpunkt in der Vergangenheit stattfanden und abgeschlossen sind. Der Zeitpunkt wird häufig im Satz genannt, es gibt also einige Signalwörter: *last year, last week, yesterday, two days ago, in 2003* usw.

Beispiele: *He **saw** her **last month**.*
*I **bought** the camera **five weeks ago**.*
*Mum **married** Dad **in 1992**.*

Regel

Mit dem *present perfect* behauptet man, dass eine Handlung irgendwann in der Vergangenheit stattgefunden hat. Der Zeitpunkt ist dabei unwichtig. Er wird deshalb auch nicht im Satz genannt. Trotzdem gibt es einige Signalwörter, z. B. *ever, never, often*.

Beispiele: *He has often met her in the café.*
I have bought this camera, because I like it.
Terence has never been to Canada.

Regel

Eine weitere wichtige Funktion des *present perfect* im Unterschied zum *simple past* liegt darin, dass man mit dem *present perfect* Handlungen in der Vergangenheit bezeichnen kann, die in der Gegenwart noch eine Folge haben.

Beispiele: *Dad **has repaired** my bike. Now I can use it again.*
*Ben **has cleaned** the board. Now the teacher can write on it.*

27. Füge die Handlungen in der linken Spalte mit den richtigen Folgen in der rechten Spalte zusammen. Beachte die Reihenfolge!

Jill hasn´t done her homework.	We can´t buy anything now.
I have not eaten anything.	I´m so hungry.
All the shops have closed.	We can have dinner now.
Susan has cooked the meal.	Her teacher will be angry.

28. Füge das Verb im *present perfect* oder im *simple past* in den Satz ein. Beachte die richtige Satzstellung.

1. I a thriller on TV last week. (watch)

2. Franzi never to Scotland. (be)

3. They the photo to show us the beautiful beach. (take)

Zeiten

4. We this nice photo in our last holidays. (take)

5. You ever an Indian curry? (eat)

6. The Summers to Italy last summer. (go)

29. Schreibe Barrys Postkarte an Tim ab und setze die Verbformen in der Klammer ins *simple past* oder ins *present perfect*.

Hi Tim,
Last Saturday we (start) our trip to Greece from Heathrow Airport. Up to now we (have) a wonderful time. The sun (be) out every day. I (be) in the swimming pool or in the sea very often. Yesterday Gary and I (go) on a bike tour. And in the evening I (see) a good show in the pool restaurant.
Bye, Barry

30. Übersetze. Verwende das *present perfect* oder das *simple past*.

1. Ich habe mir letzte Woche einen neuen mp3-Player gekauft.

2. Ich habe mir ein T-Shirt gekauft. Es sieht wirklich gut aus.

3. Hast du jemals „Titanic“ mit Leonardo DiCaprio gesehen?

4. Dave hat viele Jahre in London gelebt.

5. Edward lebte in Manchester von 2001 bis 2004.

6. Jack hat die Leiter repariert. Wir können auf den Baum klettern.

7. Er hat seine Eltern letztes Wochenende besucht.

8. Ich war noch nie in Australien.

Zeiten

3.9 Since und for mit dem present perfect

Im Englischen gibt es zwei Möglichkeiten zu sagen, seit wann oder wie lange etwas schon andauert. Man unterscheidet zwischen Zeitpunkt und Zeitspanne. Im Deutschen gibt man diese Sätze häufig mit dem Präsens wieder.

Regel

***since* plus *present perfect* bezeichnet einen Zeitpunkt in der Vergangenheit, zu dem etwas begann. Im Satz steht immer eine Zeitangabe in der Vergangenheit.**

Beispiele: *Bill **has lived** in Liverpool **since 2005**.*
Bill lebt seit 2005 in Liverpool.

Regel

***For* mit dem *present perfect* bezeichnet eine Zeitspanne, wie lange etwas andauert.**

Beispiele: *Bill **has lived** in Liverpool **for three years**.*
Bill lebt seit drei Jahren in Liverpool.

Regel

***Since* und *for* mit dem *simple past* verweisen auf eine abgeschlossene Handlung in der Vergangenheit. Mit dem *present perfect* dauert die Handlung/das Geschehen in der Gegenwart noch an.**

Beispiele: *Before he moved to Liverpool Bill **lived** in Glasgow **for five years**.*
***Since** we **arrived** at the hotel, the sun hasn´t come out.*

31. Übersetze die Sätze ins Englische. Überlege, ob es sich um eine Zeitspanne oder einen Zeitpunkt handelt und verwende das *present perfect*.

1. Sue hat seit gestern vier Briefe geschrieben.

2. Es schneit seit vier Tagen.

3. Die Kinder spielen den ganzen Nachmittag Tennis.

4. Ich lerne seit zwei Jahren Englisch.

5. Jason spielt seit dem letzten Jahr Gitarre.

6. Wir sind seit sieben Tagen in diesem Hotel.

7. Ich arbeite seit ich 19 bin.

Zeiten

3.10 Going to-Futur

Es gibt verschiedene Möglichkeiten auszudrücken, was jemand in der Zukunft tun will oder wird. Eine davon ist die Konstruktion mit *going to*. So wird sie gebildet:

Regel

Eine Form von *to be* + *going to* + Infinitiv.

Beispiel:	*Bert is*	*going to*	*work for the test.*
	We are	*going to*	*take an English course.*

Die Frage bildet man, indem man Subjekt und Prädikat umstellt.

Beispiel: *He is going to take a taxi.* (Aussagesatz)
S P
Is he going to take a taxi? (Fragesatz)
P S

Die Verneinung wird durch Einfügen von *not* gebildet.

Beispiel: *He is* ***not*** *going to take a taxi.*

Regel

Die *going to*-Form drückt aus, was jemand plant oder beabsichtigt zu tun. Im Deutschen wird das oft durch Begriffe wie *werden* oder *wollen* angezeigt.

Oft wird die *going to*-Form mit der Verlaufsform von *to go* verwechselt. Sieh dir einmal diese Sätze an:

Mr Schwarz ***is going*** *home.* (Verlaufsform der Gegenwart)
Mr Schwarz geht gerade nach Hause.
Mr Schwarz ***is going to*** *fly to Spain.* (Futur mit *going to*)
Mr Schwarz wird/will nach Spanien fliegen.

Du kannst diese Form des Futurs leicht am Infinitiv nach *going to* erkennen. Der Satz *He is going to go home* klingt seltsam, ist aber richtig.
Er bedeutet: Er wird/will nach Hause gehen.

32. Setze die fehlenden Formen von *going to* ein!

Tony ____________________ repair his bike.

The Hendersons ____________________ move to Leeds.

I ____________________ play in the garden.

Susan ____________________ learn for the test.

Martin ____________________ to stay here tonight.

33. Bilde nun selbst Sätze!

We		take many photos
Our friends		ask the teacher
Gerry	is/are	watch the fooball match
I	going	go to the doctor
You		send me a postcard
Mr Henderson		buy something to drink

____

____

____

____

____

____

Zeiten

34. Achtung, nun kommen Fragen und verneinte Sätze hinzu. Bilde Sätze aus den angegebenen Wörten!

1. Bert and his friend / earn money / going to / in the summer?

____

2. Susan / not going to / aunt Annie / visit / this year.

____

3. Who / help us / going to?

____

4. Dad /go shopping / going to.

____

35. Setze ins *going to*-Futur, was Anna dieses Wochenende alles tun wird.

1. I_______________ my friends. (meet)
2. I_______________ my aunt. (see)
3. I_______________ a movie. (watch)
4. I_______________ tennis. (play)
5. I_______________ shopping. (go)

36. Übersetze die folgenden Sätze.

1. Kim wird am Donnerstag nach England ziehen.

____

2. Wirst du mit dem Auto fahren?

3. Nein, ich werde nicht mit dem Auto fahren, ich werde das Flugzeug nehmen.

4. Wir werden einen Hund kaufen.

5. Werdet ihr am Samstag auf Toms Party kommen?

37. Das schaffst du bestimmt auch ohne Zauberei. Übersetze zum Abschluss noch diese Sätze!

1. Wir werden die Ferien auf einem Campingplatz verbringen.

2. Was werdet ihr tun?

3. Peter will einmal Arzt werden.

4. Wo wirst du die Getränke einkaufen?

Zeiten

3.11 Will-Futur

Regel

Gebildet wird das *will*-Futur aus dem Wörtchen *will* und dem Infinitiv des Verbs. *Will* kann auch mit *'ll*, abgekürzt werden, also beispielsweise *he'll* statt *he will*.

Verneint wird das *will*-Futur, indem man ein ***not*** hinter das *will* setzt. Die Abkürzung von *will not* ist ***won't***. Die Formen *will* und *won't* sind für alle Personen gleich. Bei der Frage wechseln *will* und das Subjekt die Stellung, z. B.: *Will he read?*

Aussage:	*He will read a good book.*
Verneinung:	*He will not work. He won't work.*
Frage:	*Will he read a good book?*

Regel

Das *will*-Futur wird verwendet, um eine Vorhersage oder Vermutung auszudrücken. Dies ist beispielsweise der Fall, wenn ein Ereignis oder eine Handlung nicht durch eine persönliche Entscheidung, sondern von außen beeinflusst ist, etwa durch das Wetter oder durch Feiertage.

Beispiele: *Tomorrow will be Christmas.*
I will be 13 next month.

Ob es sich um eine Vermutung handelt, erkennst du oft an bestimmten Signalwörtern bzw. Wendungen wie *I'm sure, I think, maybe* oder *perhaps*. (*Perhaps we will meet Tom at the disco.*)

Regel

Auch wenn es sich um einen spontanen Entschluss handelt, wird das *will*-Futur verwendet. In diesem Fall wird eine Bereitschaft oder ein Versprechen ausgedrückt.

Beispiel: *I must pack the suitcase for our trip. Wait, I **will** help you.*

In den meisten Fällen wird *will* im Deutschen nicht mit dem Futur, sondern mit Präsens übersetzt. Pass außerdem auf, dass du nicht aus Versehen *will* mit *wollen* übersetzt.

38. Setze die Verben ins *will*-Futur.

1. take:I ____________________
2. travel: he ____________________
3. ask: we ____________________
4. swim: they ____________________

39. Bilde nun mit den Verben aus Übung 38 eigene Sätze im *will*-Futur. Es soll eine Frage und eine Verneinung dabei sein.

1. ____________________
2. ____________________
3. ____________________
4. ____________________

40. Übersetze.

1. Ich bin sicher, dass sie bald zurück sein wird.

____

2. Vielleicht wird er nicht kommen.

____

Zeiten

3.12 Going to-Futur und will-Futur im Vergleich

In den letzten beiden Abschnitten hast du dich mit den wichtigsten Möglichkeiten, über die Zukunft zu sprechen, befasst. Hier nochmals in aller Kürze die wichtigsten Verwendungsweisen.

Regel

going-to-future:	**für Pläne und Absichten**
	bei vorhandenen Anzeichen
will-future:	**für spontane Entschlüsse**
	für Vorhersagen, Vermutungen
	bei Unbeeinflussbarkeit

Regel

Auf eine Regel für das *going to-Futur* müssen wir an dieser Stelle noch eingehen, denn du hast sie im Abschnitt 3.10 noch nicht gelernt. Das *going to-Futur* nimmt man auch, wenn es in der Gegenwart deutliche Anzeichen gibt, dass etwas passieren wird.

Beispiele: *Look at these dark clouds. It´s* ***going to rain*** *soon.*
Watch out! This car is much too fast. It´s ***going to crash*** *into the truck.*

41. Schreibe die Sätze mit der richtigen Futur Form.

1. I (save) my money for a new pair of jeans.

2. When you (be) eighteen?

3. Sorry I (not be) able to go to the concert, I´m out of money.

4. He (stay) with a friend in his holidays.

5. I think we (have) a great time at the sea.

6. We (leave) this bad hotel.

42. Übersetze die folgenden Sätze. Brauchst du das *will-future* oder das *going-to-future*?

1. Wir werden viel Spaß haben.

2. George hat vor seine Vokabeln zu lernen.

Zeiten

3. Warte, ich komme mit dir mit!

4. Ich werde deine CDs nicht verlieren.

5. Morgen feiere ich meinen Geburtstag.

43. Vervollständige die Sätze mit der richtigen Futur-Form.

1. My brother – study – medicine at university next year.

2. What a nice boutique! I – have – a look at the t-shirts.

3. Perhaps I – buy – something cool.

Zusammenfassung

Das *simple present*
Bildung: das *simple present* entspricht dem Infinitiv, an die 3. Person wird zusätzlich ein -s angehängt.
Verwendung: bei Ereignissen, die refelmäßig stattfinden.

Betty normally goes to school at 7.30.
He often plays football.

Das *present progressive*
Bildung: Form von *to be* + Verb + *-ing*
Verwendung: Vorgänge oder Handlungen, die im Moment des Sprechens ablaufen.
Achte besonders auf Signalwörter wie:
now, at the moment, look!, listen!

Tom is playing football today.
Look, the bus is coming.

Das *simple past*
Bildung: Stammform des Verbs + *-ed* bei regelmäßigen Verben;
für unregelmäßige Verben vgl. S. 207/208
Verwendung: abgeschlossene Ereignisse in der Vergangenheit.

Yesterday, I finished my homework late.
I visited my brother last summer.

Das *past progressive*
Bildung: Vergangenheitsform von *to be* (was/were) + Verb + *-ing*.
Verwendung: Handlungen in der Vergangenheit, die gerade passierten; Hintergrundhandlungen; Begleitumstände.

Tony was sleeping.
He was watching TV.

Zeiten

Das *present perfect*

Bildung: *have/has* + Verb + *-ed (simple form)*
have/has + **been** + Verb + *-ing (progressive form)*
Verwendung: Handlungen in der Vergangenheit mit Bezug zur Gegenwart

Have you done your homework yet?
I've been listening to the radio for two hours.
He has been living here for three years now.

Das *going-to-future*

Bildung: *going to* + Verb
Verwendung: geplante Handlung oder Ereignisse in der nahen Zukunft.

I'm going to talk to my friend.
He is going to Italy next summer.

Das *will-future*

Bildung: *will* + Verb im Infinitiv (Verneinung: won't)
Verwendung: bei Vorhersagen,
bei Vermutungen
bei spontanen Entschlüssen

Peggy will be 12 next summer.
I think that it will rain this afternoon.

Gemischte Aufgaben

1. Put in the correct forms of the verbs in brackets (*simple present* or *present progressive*)!

1. Jenny sometimes (go) __________ to school by bus.
2. We always (have) __________________ breakfast at seven o'clock.
3. Who (take) __________________ the kids to school every morning?
4. Jim (teach) ____________________ his dog a trick at the moment.

2. Put in the missing *going to*-forms!

1. Our class _____________________ see the German Museum.
2. Mrs Kent __________ not ____________ to go with us.
3. I _______________________ look at the old planes.
4. When ___________ we _______________ leave?
5. Mr Moore ____________________ explain the things.

3. Translate the following sentences!

1. Gestern besuchten wir das Deutsche Museum.

____

2. Wir sahen viele interessante Dinge und stellten viele Fragen.

____

3. Mr Moore konnte fast (*almost*) alle unsere Fragen beantworten.

____

4. Ich sah (mir) die Schiffe und Flugzeuge an.

____

5. Jetzt schreibe ich gerade einen Bericht (*report*) über den Besuch.

____

Zeiten

4. *Simple present* oder *present progressive*?

1. I always ______________________________ there after school. (go)
2. Look! Paul ______________________________ over there. (run)
3. We ______________________________ right now. (leave)
4. The dog often ______________________________ into our garden. (come)
5. He normally ______________________________ home at 6.00. (come)

5. Übersetze diese Sätze. Achte darauf, welche Zeit und Form du benötigst.

1. Hast du deine Hausaufgaben schon fertig?

   ____

2. Nein, ich habe sie noch nicht fertig.

   ____

3. Tom wurde 1988 geboren.

   ____

4. Wir gehen morgen zum Segeln.

   ____

5. Dave wartet seit einer halben Stunde.

   ____

Unregelmäßige Verben

Infinitiv	past tense	past participle	German
be	**was/were**	**been**	**sein**
become	became	become	werden
begin	**began**	**begun**	**beginnen**
bring	brought	brought	bringen
break	**broke**	**broken**	**zerbrechen**
build	built	built	bauen
burn	**burnt/burned**	**burnt/burned**	**brennen**
buy	bought	bought	kaufen
catch	**caught**	**caught**	**fangen**
choose	chose	chosen	(aus)wählen
come	**came**	**come**	**kommen**
cost	cost	cost	kosten
cut	**cut**	**cut**	**schneiden**
do	did	done	tun
drink	**drank**	**drunk**	**trinken**
drive	drove	driven	fahren
eat	**ate**	**eaten**	**essen**
fall	fell	fallen	fallen
feel	**felt**	**felt**	**fühlen**
find	found	found	finden
fly	**flew**	**flown**	**fliegen**
forget	forgot	forgotten	vergessen
get	**got**	**got/gotten**	**bekommen**
give	gave	given	geben
go	**went**	**gone**	**gehen**
have	had	had	haben
hear	**heard**	**heard**	**hören**
hold	held	held	halten
keep	**kept**	**kept**	**behalten**
know	knew	known	wissen
learn	**learnt/learned**	**learnt/learned**	**lernen**
leave	left	left	verlassen

Zeiten

let	**let**	**let**	**lassen**
lie	lay	lain	liegen
lose	**lost**	**lost**	**verlieren**
make	made	made	machen
mean	**meant**	**meant**	**bedeuten**
meet	met	met	treffen
pay	**paid**	**paid**	**bezahlen**
put	put	put	setzen, stellen, legen
read	**read**	**read**	**lesen**
ride	rode	ridden	reiten
ring	**rang**	**rung**	**klingeln**
run	ran	run	laufen
say	**said**	**said**	**sagen**
see	saw	seen	sehen
sell	**sold**	**sold**	**verkaufen**
send	sent	sent	schicken
show	**showed**	**shown**	**zeigen**
shut	shut	shut	schließen
sing	**sang**	**sung**	**singen**
sit	sat	sat	sitzen
sleep	**slept**	**slept**	**schlafen**
smell	smelt	smelt	riechen
speak	**spoke**	**spoken**	**sprechen**
stand	stood	stood	stehen
steal	**stole**	**stolen**	**stehlen**
swim	swam	swum	schwimmen
take	**took**	**taken**	**nehmen**
teach	taught	taught	unterrichten
tell	**told**	**told**	**erzählen**
think	**thought**	**thought**	**denken**
throw	threw	thrown	werfen
understand	understood	understood	verstehen
wake	**woke**	**woken**	**aufwachen**
wear	wore	worn	tragen
win	won	won	gewinnen
write	**wrote**	**written**	**schreiben**

4. Frage und Verneinung

4.1 Die Verneinung mit don't/doesn't

Bei Vollverben wird eine Aussage verneint, indem man zwischen Subjekt und Verb *don't* bzw. *doesn't* einfügt. Und das geht so:

I	**don't**	like this game.
You	**don't**	know the answer.
He	**doesn't**	like school.
She	**doesn't**	help me.
It	**doesn't**	matter.
We	**don't**	take the bus.
You	**don't**	listen to me.
They	**don't**	talk about it.

Regel

Doesn't **wird verwendet, wenn die 3. Person Singular das Subjekt des Satzes ist. Anstelle von *it* kann natürlich auch jedes beliebige Substantiv stehen.**

Es heißt also:			
	Lisa	*doesn't*	*go to school on Saturdays.*
	Mr Miller	*doesn't*	*take the bus.*
	The sun	*doesn't*	*shine at night.*
	This shop	*doesn't*	*open before 8 o'clock.*

Erinnerst du dich noch an das *simple present* und an unseren Merksatz:
he-she-it: Das -s muss mit?
Das gilt natürlich auch bei der Verneinung. Aber das -s ist bereits im *doesn't* enthalten:

He likes Mary.
He doesn't like Mary.

Erinnere dich bitte an das vorhergehende Kapitel! Hilfsverben *(can, must, may)* und das Verb *to be* bilden die Verneinung durch das Einfügen von *not*.

I'm ***not*** *late.*
*We ca****n't*** *come.*

Frage und Verneinung

1. *Does* oder *doesn't*? Kreuze die richtige Lösung an!

I	☐ don't ☐ doesn't	want to play outside.
Ronny	☐ don't ☐ doesn't	read a comic.
Our dog	☐ don't ☐ doesn't	eat enough.
We	☐ don't ☐ doesn't	like this new film.
The train	☐ don't ☐ doesn't	stop here.
The boys	☐ don't ☐ doesn't	take the bus.

2. Bilde nun Sätze aus den angegebenen Satzteilen!

1. Bert / not wear / his new sweatshirt.

___

2. We / not go / on holiday this year.

___

3. The Whites / not live / here anymore.

___

4. I / not think / that this is a good idea.

___

5. The dog / not sleep / in my bed.

___

3. Mit diesem Satzbaukasten kannst du selbst verneinte Sätze bilden. Achte dabei auf die richtige Verwendung von *does* und *doesn't*!

My Dad		look new
We		help Dad in the garden
Alice and Tim		catch mice
The castle	needn't	taste good
Our cat	can't	close at six o'clock
Their shop	don't	report about the match
I	doesn't	understand the exercise
The newspaper		play with the dog
These sausages		go shopping

Beim Vokabellernen ist es hilfreich, wenn du nicht nur einzelne Wörter lernst, sondern versuchst, dir dazu auch einen kleinen Beispielsatz einzuprägen, an dem du siehst, wie das Wort verwendet wird.

Frage und Verneinung

4. Verneine jetzt die folgenden Aussagesätze!

1. I buy the drinks for the party.

2. We want to see the new film.

3. The shop opens at nine o'clock.

4. We can go home together.

5. Our friends like the beach.

Hast du es bemerkt? In einem Satz kommt weder *don't* noch *doesn't* vor. Welcher ist es, und warum ist das so? Falls du es nicht genau weißt, lies dir die Regel dazu noch einmal durch.

5. Übersetze folgende Sätze!

1. Mein Vater arbeitet nicht im Geschäft.

2. Ich mag dieses Lied nicht.

3. Ich kann den Text (*words*) nicht verstehen.

4. Joe und sein Bruder kennen den richtigen Weg nicht.

5. Er will nicht darüber sprechen.

6. Dieses Fahrrad kostet (*cost*) nicht viel.

4.2 Fragewörter

Fragewörter stehen häufig am Anfang eines Fragesatzes.
Hier bekommst du einen Überblick über die wichtigsten Fragewörter:

Who of you speaks English? → Wer von euch spricht Englisch?
When are you coming? → Wann kommst du?
What do you want to eat? → Was willst du essen?
Where do they live? → Wo wohnen sie?
Why is Sally crying? → Warum weint Sally?
How do you feel? → Wie fühlst du dich?
How much does it cost? → Wie viel kostet es?
How many tickets do we need? → Wie viele Eintrittskarten brauchen wir?
Whose book is this? → Wessen Buch ist das?

Regel

- **Wenn in einem Satz nach dem Subjekt, also dem Satzgegenstand, gefragt ist, findest du kein *does*. Sieh dir noch einmal folgende Fragen an:**

  Who knows this song?
  What makes you so angry?

  In beiden Fällen wird nach dem Subjekt gefragt.
- **Wenn nach dem Objekt des Satzes gefragt wird, umschreibt man es mit *do/does*.**

  Who do you like best?
  What does he want to buy?

Regel

- **Wird das Verb *to need* in der Bedeutung *benötigen* verwendet, dann ist es ein Vollverb und wird mit *do/does* umschrieben.**

Achtung! You needn't come. (du musst nicht) → *need* ist Hilfsverb (kein *do/does*)
Do you need anything? (benötigst du etwas) → *need* ist Vollverb *(do/does)*

Frage und Verneinung

6. Setze in dieser Übung die fehlenden Fragewörter ein!

__________ is Jenny doing? She's reading.

__________ is their house? In Minster Lane.

__________ brothers have you got? I've got two.

__________ can't we go outside? Because it's raining.

__________ is Paul? That's me.

__________ bike is this? It's Jenny's bike.

7. Bilde jetzt selber Fragen aus den angegebenen Wörtern! Vorsicht! Einige Fragen werden ohne *do/does* gebildet.

1. The children / at home / be?

____

2. When / arrive / train?

____

3. You / can / visit us / this year?

____

4. How often / this / happen?

____

5. What / you / need / from the supermarket?

____

6. Where / work / your Dad?

____

7. What / you / be doing / at the moment?

____

Beim Vokabellernen kannst du Wörter, die du schnell vergisst, auch auf kleine Zettel schreiben. Hefte diese Zettel an Plätze, an denen du häufig vorbeikommst, z. B. an deinen Kleiderschrank oder das Bücherregal. Auf diese Weise prägen sich dir schwierige Vokabeln ganz allmählich ein.

Schon gewusst?

Das wohl berühmteste Bauwerk des Fünften Kontinents ist das im Jahr 1959 von dem dänischen Architekten Jörn Utzon entworfene Sydney Opera House. Dort kann man nicht nur Opernaufführungen erleben, sondern auch Konzerte und Filme. Die fantasievollen Dächer des Bauwerks werden von den Australiern übrigens Nonnenhauben genannt.

8. Frage nach den unterstrichenen Satzteilen!

1. He lives in Australia.

2. Steve collects toy planes.

3. It's Mr Grant's car.

4. It costs 12 dollars.

5. Mr Burton reads a book.

6. Lucy takes the bus to school.

7. Ken does his homework in the kitchen.

8. They get up at seven o'clock.

9. We need bread, cheese and lemonade.

10. She isn't here, because she's ill.

Frage und Verneinung

9. Viele der Wörter aus deinen Fragen in der vorhergehenden Übung sind in diesem Buchstabensalat versteckt. Finde sie heraus!

T	U	D	C	Y	T	M	W	H	O
D	B	O	O	K	W	G	U	E	D
I	R	L	I	W	H	E	N	M	E
K	E	L	R	A	C	R	Y	H	W
L	A	A	H	O	W	M	U	C	H
A	D	R	V	U	D	A	B	J	E
C	X	M	K	P	F	N	N	K	R
W	H	Y	N	T	O	Y	J	L	E
J	O	Q	C	H	E	E	S	E	S
B	E	C	A	U	S	E	Z	O	I

12 Wörter solltest du finden!

10. Übersetze diese Fragen!

1. Wer ist der Junge da drüben?

2. Wo wohnt Sally?

3. Was unterrichtet (*teach*) Mr Keegan?

4. Wessen Eltern können heute Abend kommen?

5. Wie viele Eintrittskarten muss ich kaufen?

4.3 Frage und Verneinung im simple past

Regel

Im *simple past* werden Sätze durch die Umschreibung mit *didn't* verneint. Diese Form gilt für alle Personen.

I *didn't* arrive on time.
Peter *didn't* like the game.

Fragen werden mit *did* gebildet.

***Did* you see him on Monday?**
When *did* you leave?
What *did* you do yesterday?

Auch im *simple past* gilt:

Hilfsverben bilden Frage und Verneinung nicht mit *did*.
Can hat eine Form für das *simple past*. Sie heißt ***could***.

***Could** you meet him yesterday?*
*No, I **couldn't** find him anywhere.*

Das Verb *to be* hat ebenfalls eigene Formen für das *simple past*.
Es wird auch nicht mit *did* umschrieben.

*She **was** at home all the time.*
*We **were** in Spain last year.*
*She **wasn't** at home yesterday.*

Fragen nach dem Subjekt werden nicht mit *did* umschrieben.

	Who found your walkman?	(Wer? → Frage nach dem Subjekt)
	What happened then?	(Was? → Frage nach dem Subjekt)
Aber:	*Who did you meet?*	(Wen? → Frage nach dem Objekt)

Frage und Verneinung

11. Wollen wir einmal Felix fragen, was er gestern so getrieben hat? Stelle deine Fragen im *simple past*, auch wenn im Deutschen eine andere Zeit verwendet wird. Frage ihn also

... wann er aufgestanden ist.

... ob er nachts die Sterne sehen konnte.

... was er heute Morgen gegessen hat.

... ob er gestern viel geflogen ist.

... wo er gestern war.

... ob er seine Geschwister getroffen hat.

... ob er Kindern bei *(with)* den Hausaufgaben geholfen hat.

... warum er gestern so früh weggeflogen ist.

Schon gewusst?

Der Tower of London liegt am nördlichen Ufer der Themse. Früher diente er lange als Residenz der englischen Könige. Später wurde er zum Gefängnis ausgebaut. Heute können die Besucher dort die Kronjuwelen sowie eine umfangreiche Waffen- und Rüstungssammlung besichtigen.

12. Verneine die folgenden Sätze!

1. Mr Healy went to the doctor.

____

2. I was at school.

____

3. The children were playing Scrabble.

____

4. The train arrived on time.

____

5. Jane was reading an exciting story.

____

6. Dad went shopping.

____

Achtung! In drei der sechs Sätze kommt kein *didn't* vor, weil sie Formen von *to be* enthalten.

13. Frage nun nach den unterstrichenen Satzteilen!

1. We played in the garden. ______________________________

2. Garry invited Jane. ______________________________

3. Garry invited Jane. ______________________________

Frage und Verneinung

Wenn du die Fragen 2 und 3 richtig formuliert hast, kommt in Frage 2 kein *did* vor, wohl aber in Frage 3. Warum ist das so? Weil in Frage 2 nach dem Subjekt gefragt wird *(Wer lud ein?)*, in Frage 3 aber nach dem Objekt *(Wen lud er ein?)*.

Wechsle bei deinen Hausaufgaben die Fächer ab! Schiebe außerdem zwischen die schriftlichen Arbeiten eine mündliche Aufgabe ein! Wenn du zu viel auf einmal auswendig lernst, vergisst du das Gelernte leicht wieder.

14. Übersetze zum Abschluss des Kapitels noch diese Sätze. Benutze stets das *simple past*, auch wenn im Deutschen eine andere Zeit verwendet wird!

1. Wann landete das Flugzeug in London?

2. Hast du viele Fotos gemacht?

3. Wo habt ihr gewohnt?

4. Wie lange wart ihr dort?

5. Konntet ihr Big Ben hören?

6. Habt ihr den Tower besucht?

7. Wie viel haben die Eintrittskarten gekostet?

Felix Quiz

Setze die richtigen englischen Wörter ein!

Die umrandeten Felder ergeben das Lösungswort. Es sagt dir, worauf sich Felix ganz besonders freut.

60 Minuten: [__] __ __ __

Wenn du etwas ganz toll findest, dann ist es __ [__] __ __

Felix doesn't [__] __ __ __ milk.

Im Sommer trägst du sicher gerne ein T- __ __ [__] __ __

Englands Hauptstadt heißt __ __ __ [__] __ __

Ein Brett mit Rollen unten dran nennt man __ __ __ __ __ __ __ [__] __ __

Das zeigt der Schiedsrichter nach einem Foul.

[__] __ __ __ __ __ card.

Ein belegtes Brot trägt den Namen.

[__] __ __ __ __ __ __ __

Lösungswort: ______________________

Frage und Verneinung

Zusammenfassung

Verneinung und Frage mit *don't* und *doesn't*

Bei Vollverben wird eine Aussage verneint, indem man zwischen Subjekt und Verb *don't* bzw. *doesn't* einfügt. Und das geht so:

I don't have milk for breakfast.
John doesn't go by bus.

Bei Fragen kann anstatt *he, she* oder *it* auch ein Name oder jedes beliebige Substantiv stehen. Denke auch in diesem Fall daran, die Frage mit ***does*** einzuleiten.

Does Cathy wear her new dress?
Do the Browns buy a new car?

Verneinung im *simple past*

Im *simple past* werden Sätze durch die Umschreibung mit *didn't* verneint.

Tom didn't arrive late for the picnic.

Ausnahmen:

Hilfsverben bilden die Verneinung durch Einfügen von *not*.

You can't (= can not) come.
You may not do this.
You are not in our club.

Achtung: *You needn't* = du brauchst nicht
You mustn't = du darfst nicht

Entscheidungsfragen

Fragen, die man entweder mit *ja* oder *nein* beantworten kann, nennt man Entscheidungsfragen. Man bildet diese Fragen indem man den Fragesatz mit *do* oder *does* einleitet.

Do you want to go home now?
Does Julia take tennis lessons?

Gemischte Aufgaben

1. Form questions! The underlined words give the answer! Be careful with the tenses!

1. The Browns live in York. ______________________
2. They moved here last year. ______________________
3. Yes, we must learn German. ______________________
4. I was at home last night. ______________________

2. Form questions or negative sentences! Use the *past tense*!

1. Frank / not be / at the party / yesterday.

____

2. I / not / going to / watch the match on TV.

____

3. What / need / we / from the supermarket?

____

4. Sheila / not / visit / grandma / yesterday.

____

3. Translate the following sentences!

1. Wo wart ihr letzten Sommer im Urlaub?

____

2. Habt ihr interessante Dinge gesehen? (use the *past tense*!)

____

3. Wir konnten nicht wegfahren, weil mein Vater krank war.

____

4. Ist er zum Arzt gegangen? (use the *past tense*!)

____

5. Lösungen

Kapitel 1: Pronomen und Artikel

1. He is from Leeds.
   I can't see it.
   They are new.
   Tom, you are terrible!
   They go to school together.
   Tom and Lucy, you can help me.
   This is Ellen. She is new in my class.

2. he / They / We / It / she / you / I / I / She

3. 1. Look, the Taylors. They are from Liverpool.
   2. We've got a house. It is very old.
   3. Look, that is Kevin. He is nine years old.
   4. And that is Helen. She is in the garden.

4. 1. Substantiv / Objekt
   2. Pronomen / Subjekt
   3. Substantiv/ Subjekt
   4. Pronomen / Objekt
   5. Verb / Prädikat
   6. Pronomen / Subjekt
   7. Substantiv / Objekt
   8. Verb / Prädikat
   9. Pronomen / Subjekt
   10. Substantiv / Objekt

5. your / her / His / their / my / Our / Its
   he / them / it / us / you / she / them / it

6. This is my sister Jenny, ***she*** is ten years old. Can you see ***them***?
   Where are you? ***I*** am here. And where is Mike? ***He*** is here, too.
   My car is over there. Can you see ***it?***
   Timmy is sitting in a box, but I can see ***him.***

7. 1. Where are the children? I can't see them.
   2. The Greens have got a new car. It is red.
   3. This exercise is difficult. Can you help me?
   4. No, I can't help you.

8. Das Lösungswort heißt **pupils**.

9. He / His / she / her / It / your / them / your / My

10. 1. Look, that is our house. It is new.
    2. That is my new English teacher from Leeds.
    3. Where is Barbara? She must help me.
    4. I can't do this exercise. It is very difficult.
    5. Where are your sisters? Their school-bags are here.
    6. Paul has got many toys, but he can't find them.

11. Simon's new game
    the Kleins' house
    the women's hobby
    the parents' flat
    Cathy's new shoes
    Mrs Pitt's bag
    Anne's dog

12. the woman's newspaper
    the Hoppers' shop
    Paul's teddy
    the children's books
    the boys' computers
    the Wilsons' address
    the name of the road
    the men's shop
    Sally's little dog

Lösungen

13. a nice idea
    an exciting town
    an old toy
    a beautiful cat
    a new lamp
    a big window
    an interesting story
    a German dog
    a blue dress
    a good teacher

14. a child / a dirty ... / an exercise / an hour / a cat / a woman / an orange / an old man / a unit / a toy / an English ... / an idea / a hand / a pet

15. 1. Tim is playing an exciting computer game.
    2. Carolyn is reading an old story in a book.
    3. Susan is eating an apple and an orange.
    4. Joe is buying a CD in a shop.

Kapitel 1: Gemischte Aufgaben

1. Paul and Betty, have *you* got a table in *your* room?
   Simon and I have many comics. *Our* comics are very funny.
   Where is Kate's sister? *She* isn't in *her* room.
   The Taylors are in *their* flat.
   Look at the window, *it* is so dirty.

2. Dad's newspaper / the children's books / my brother's room / the name of the town / the pieces of the puzzle.

3. 1. Paul's new flat is in York Road.
   2. His father is a bus driver.
   3. The Taylors' house has got many rooms.
   4. Where are your books, John? I can't see them.
   5. They are on David's table.

Kapitel 2: Satzarten

1. 1. Tom and Francis aren't our friends.
   2. I'm not a good tennis-player.
   3. The weather isn't fine today.
   4. The Millers aren't at home.
   5. They aren't Peter's friends.

2. 1. Is Kate from Manchester?
   2. Are Mike and Peter in your class?
   3. Is this your new house?

3. 1. We haven't got a super team.
   2. Sally hasn't got a new friend.
   3. His parents haven't got a new car.

4. Have you got ...?
   Have the Wilsons got ...?
   Has our Dad got ...?
   Has Sandy got ...?
   Have we got ...?

5. Yes, he is. / Yes, we have. / Yes, he is. / Yes, she has. /
   Yes, I am. / No, she hasn't. / Yes, they are. / No, they haven't.

6. 1. No, we (I) haven't.
   2. Yes, he is.
   3. No, they aren't.
   4. Yes, it is.
   5. No, I'm not.
   6. Yes, it is.
   7. No, he hasn't.
   8. Yes, it is.

Lösungen

7. Are you German? ... / Have you got a ...? / Is that your ...? / Have you got a ...? / Are you ...? / Is that ...?

8. 1. Today the Millers are not at home.
   2. Every Saturday Mr Miller goes to the football stadium.
   3. He's a fan of Leeds United.
   4. The others are watching TV.

9. 1. He usually goes to bed at 10 o'clock.
   2. Let's go to the cinema tonight.
   3. Mum takes us to school every morning.
   4. I sometimes visit friends at the weekend.
   5. Mr Johnson often shows photos of the Statue of Liberty at school.

10. 1. My father usually goes to the office in the morning.
    2. Every Monday he works at home.
    3. I often read comics, but I like books, too.
    4. Every year our parents go to Italy with us.
    5. Jenny is drinking a bottle of Coke.
    6. Sometimes she prefers ice-tea.
    7. On Sundays Mrs Burns visits her parents.

11. Let's listen to a CD.
    Let's read comics.
    Let's write a song.
    Let's make a pudding.
    Let's play the guitar.
    Let's not play school.

12. 1. Don't be so loud!
    2. Go outside!
    3. Don't use my mp3-Player!
    4. Don't watch too much TV!
    5. Don't play with my gameboy!
    6. Eat your banana!

13. 1. Do your homework!
    2. Go to bed early!
    3. Play outside!

4. Drink milk in the morning!
5. Take the dog for a walk!
6. Show Jenny your photos of Scotland.

14. 1. Where are you from?
    2. Is Daniel your friend?
    3. Has she got your telephone number?
    4. Who is new in our class?

Kapitel 2: Gemischte Aufgaben

1. 1. Sometimes my Mum and Dad are out in the evening.
   2. I want to meet him in Germany next year.
   3. On Sundays I take the dog for a walk in the park.
   4. I often teach him a trick.
   5. I must go because I'm late.

2. 1. We often have a picnic in the summer.
   2. We have always got enough to eat with us.
   3. Let's go to the park at nine o'clock.
   4. Tom's bus is often late.
   5. Look at Helen's new bike!

Kapitel 3: Zeiten

1. playing / hitting / coming / riding / sailing
   seeing / having / asking / getting / taking

2. is waiting / Are you watching ...? / are playing / is writing /
   are waiting / is not driving / I am not feeling

3. 1. Dave is playing a computer game.
   2. Mum is reading a magazine.
   3. Dad is going for a walk with the dog.
   4. They are not studying for the test.

Lösungen

4. is going / are watching / am cleaning

5. 1. My mother is talking to my teacher.
   2. Michael is wearing his new sweatshirt.
   3. Our cat is sleeping in the garden.
   4. Kate and Jenny are not playing basketball with the boys.
   5. Why are you singing this silly song?
   6. My sister is washing her dirty hands.

6. cries / stands / watches / knows / reads / sings / works / looks

7. sleeps / wait / dreams / help / finds / talk / runs / try / falls / rains

8. go / take / likes / does / helps / visit / like / comes / gets / watch / want / loves / prefers / read / go / stays

9. 1. Kate always reads the newspaper in the evening. 2. Every Monday we go to the cinema. 3. Mum sometimes writes an e-mail. 4. The cat sleeps under my bed. 5. On Sunday we always call uncle Fred. 6. Kate goes to bed early.

10. 1. He usually goes by bus.
    2. But today he is walking to school.
    3. Now I'm watching TV.
    4. Sometimes I go for a walk on Sundays.
    5. Look, the train is coming in.
    6. On Sundays I get up early.
    7. Listen! The girls are singing, but the boys are laughing.

11. 1. calling 2. sitting
    3. crying 4. moving
    5. taking 6. telling
    Lösungswort: **animal**

12. gets up / brushes / goes / are running / have / are going / comes / does / plays / is talking / is telling / goes

13. 1. The train always arrives at 11 o'clock.
    2. Sometimes I take the bus, but today I'm walking.
    3. Every Monday I play tennis with friends.
    4. Hallo children, what are you doing? We're telling stories.
    5. The Campbells are having breakfast.
    6. They have breakfast every day at seven o'clock.
    7. You can't go out, it's raining.
    8. Sandy calls her grandma every Sunday.

14. put / was / used / knew / stopped / moved / stood / landed / said / barked / told / invited / watched / left

15.

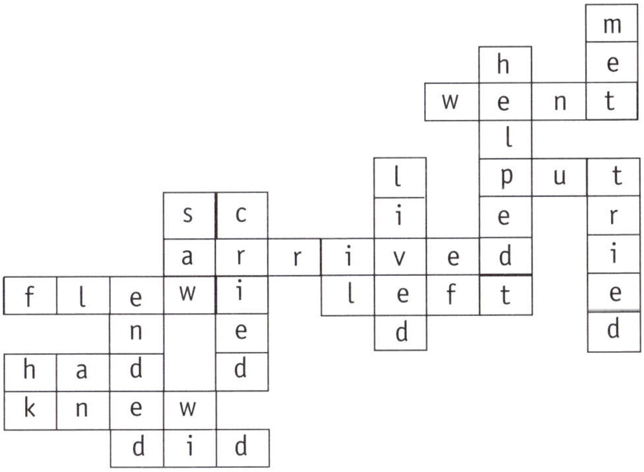

16. 1. I wasn't at home yesterday.
    2. Susan and I went to the cinema.
    3. We saw a funny film.
    4. Then we wanted to go home by bus.
    5. But we missed the bus.
    6. Then we took a taxi.
    7. But the taxi driver couldn't find our street.
    8. We helped him, then we all laughed.

Lösungen

17. 1. The Taylors were watching TV last night.
    2. I was learning my English vocabulary in the afternoon.
    3. We were playing games all the time.
    4. Was Mrs Miller cleaning the dishes?

18. 1. What were you doing at three o´clock yesterday afternoon?
    2. I was reading all the time yesterday evening.
    3. What were they doing last weekend?
    4. We were swimming the whole day.

19. 1. Jack broke his leg when he was playin football a week ago.
    2. Mary was listening to her new CD when Jenny called her on the phone.
    3. When the thief was climbing over the wall, the dog barked.
    4. While they were having breakfast, the door bell rang.
    5. When my father was working in the garden, on old friend passed by.

20. 1. When Mr Johnson was reading the newspaper, his wife came home.
    2. Sandy was writing a letter when John called on the phone.
    3. While Mr Hill was waiting outside, the mechanic checked the car.
    4. I was running down the football field when the referee whistled.
    5. I was watching TV when the doorbell rang.

21. 1. Tom cut his finger when he was helping his mother in the kitchen.
    2. Mr Simpson crashed into the wall when he was driving the car out of the garage.
    3. We were looking at the shop windows when the accident happened.
    4. We were watching the film in the cinema when Joanna´s mobile phone rang.

22. 1. we have talked
    2. they have changed
    3. she has listened

23. 1. I have taken
    2. he has shown
    3. we have seen
    4. they have brought

24. 1. Have you ever been to New York
    2. Lisa hasn't returned yet.
    3. I have never seen the Empire State Building

25. 1. How long have you been reading this magazine.
    2. Kim has been working in the garden for hours.
    3. We have been living in Los Angeles since 1987.
    4. You have not been listening!
    5. What have you been doing?

26. 1. We have been having the dog **since** last week.
    2. They have been friends **for** years.
    3. I saw the movie a week **ago**.
    4. She has been working as a manager **for** six month.

27. Jill hasn´t done her homework. Her teacher will be angry.
    I have not eaten anything. I´m so hungry.
    All the shops have closed. We can´t buy anything now.
    Susan has cooked the meal. We can have dinner now.

28. 1. I watched a thriller on TV last week.
    2. Franzi has never been to Scotland.
    3. They have taken the photo to show us the beautiful beach.
    4. We took this nice photo in our last holidays.
    5. Have you ever eaten an Indian curry?
    6. The Summers went to Italy last summer.

29. Last Saturday we started our trip to Greece from Heathrow Airport. Up to now we have had a wonderful time. The sun has been out every day. I have been in the swimming pool or in the sea very often. Yesterday Gary and I went on a bike tour. And in the evening I saw a good show in the pool restaurant.

Lösungen

30. 1. I bought a new mp3-player last week.
    2. I bought a t-shirt. It looks really good.
    3. Have you ever seen „Titanic“ with Leonardo DiCaprio?
    4. Dave has lived in London for many years.
    5. Edward lived in Manchester from 2001 to 2004.
    6. Jack has repaired the ladder. We can climb on the tree.
    7. He visited his parents last weekend.
    8. I have never been in Australia.

31. 1. Sue has written four letters since yesterday.
    2. It has snowed for four days.
    3. The children have played tennis for the whole afternoon.
    4. I have learned English for two years.
    5. Jason has played the guitar since last year.
    6. We have been at this hotel for seven days.
    7. I have worked since I was 19.

32. is going to / are going to / am going to / is going to /
    is going to

33. We are going to take many photos.
    Our friends are going to ask the teacher.
    Gerry is going to watch the football match.
    I am going to buy something to drink.
    You are going to go to the doctor.
    Mr Henderson is going to send me a postcard.

34. 1. Are Bert and his friend going to earn money in the summer?
    2. Susan is not going to visit aunt Annie this year.
    3. Who is going to help us?
    4. Dad is going to go shopping.

35. 1. I'm going to meet with my friends.
    2. I'm going to see my aunt.
    3. I'm going to watch a movie.

4. I'm going to play tennis.
5. I'm going to go shopping.

36. 1. Kim is going to move to England on Thursday.
2. Are you going to go by car?
3. No, I'm not going to go by car, I'm going to go by plane.
4. We are going to buy a dog.
5. Are you going to come to Tom's party on Saturday?

37. 1. We're going to spend the holidays on a camping-site.
2. What are you going to do?
3. Peter wants to become a doctor.
(In diesem Satz kommt keine going to-Form vor, weil das deutsche Wort *werden* nicht zur Bildung der Zukunft verwendet wird, sondern in der Bedeutung *einen Beruf ergreifen*.)
4. Where are you going to buy the drinks?

38. 1. I will take
2. he will travel
3. we will ask
4. they will swim

39. Mögliche Lösungen:
1. I will take the pizza.
2. He will not travel around the world.
3. We will ask her about the book.
4. Will they swim all day long?

40. 1. I'm sure she will / she'll be back soon.
2. Perhaps he will not / he won't come.

41. 1. I´m going to save my money for a new pair of jeans.
2. When will you be eighteen?
3. Sorry I won´t be able to go to the concert. I´m out of money.
4. He´s going to stay with a friend in his holidays.
5. I think we´ll have a great time at the sea.
6. We´re going to leave this bad hotel.

Lösungen

42. 1. We´ll have a lot of fun.
    2. George is going to learn his vocabulary.
    3. Wait, I´ll come with you!
    4. I won´t lose your CDs.
    5. Tomorrow I´ll celebrate my birthday.

43. 1. My brother is going to study medicine at university next year.
    2. What a nice boutique. I´ll have a look at the t-shirts!
    3. Perhaps I´ll buy something cool

Kapitel 3: Gemischte Aufgaben

1. 1. goes
   2. have
   3. takes
   4. is teaching

2. is going to / is not going to / am going to / are we going to / is going to

3. 1. Yesterday we visited the German Museum.
   2. We saw many interesting things and asked many questions.
   3. Mr Moore could answer almost all our questions.
   4. I looked at the ships and planes.
   5. Now I'm writing a report about the visit.

4. 1. I always go there after school.
   2. Look! Paul is running over there.
   3. We are leaving right now.
   4. The dog often comes into our garden.
   5. He normally comes home at 6.00.

5. 1. Have you finished your homework yet?
   2. No, I haven't finished them yet.
   3. Tom was born in 1988.

4. We are going/going to go sailing tomorrow.
5. Dave has been waiting for Justin for half an hour.

Kapitel 4: Frage und Verneinung

1. don't / doesn't / doesn't / don't / doesn't / don't

2. 1. Bert doesn't wear his new sweatshirt.
   2. We don't go on holiday this year.
   3. The Whites don't live here anymore.
   4. I don't think that this is a good idea.
   5. The dog doesn't sleep in my bed.

3. Mögliche Sätze:
   My Dad doesn't play with the dog.
   We needn't help Dad in the garden.
   Alice and Tim can't understand the exercise.
   The castle doesn't look new.
   Our cat can't catch mice.
   Their shop doesn't close at six o'clock.
   I don't go shopping.
   The newspaper doesn't report about the match.
   These sausages don't taste good.

4. 1. I don't buy the drinks for the party.
   2. We don't want to see the new film.
   3. The shop doesn't open at 9 o'clock.
   4. We can't go home together.
   5. Our friends don't like the beach.

5. 1. My father doesn't work in the shop.
   2. I don't like this song.
   3. I can't understand the words.
   4. Joe and his brother don't know the right way.
   5. He doesn't want to talk about it.
   6. This bike doesn't cost much.

Lösungen

6. What / Where / How many / Why / Who / Whose

7. 1. Are the children at home?
   2. When does the train arrive?
   3. Can you visit us this year?
   4. How often does this happen?
   5. What do you need from the supermarket?
   6. Where does your Dad work?
   7. What are you doing at the moment?

8. 1. Where does he live?
   2. What does Steve collect?
   3. Whose car is it?
   4. How much does it cost?
   5. Who reads a book?
   6. Who takes the bus to school?
   7. Where does Ken do his homework?
   8. When do they get up?
   9. What do we need?
   10. Why isn't she here?

9.

		D					W	H	O
	B	O	O	K		G			
	R	L		W	H	E	N		
	E	L				R			W
	A	A	H	O	W	M	U	C	H
	D	R				A			E
						N			R
W	H	Y		T	O	Y			E
			C	H	E	E	S	E	
B	E	C	A	U	S	E			

Lösung:
BOOK / DOLLAR / BREAD / WHY / BECAUSE / TOY / CHEESE / HOW MUCH / GERMANY / WHO / WHERE / WHEN

10. 1. Who is the boy over there?
    2. Where does Sally live?
    3. What does Mr Keegan teach?
    4. Whose parents can come tonight?
    5. How many tickets must I buy?

11. When did you get up?
    Could you see the stars at night?
    What did you eat this morning?
    Did you fly much yesterday?
    Where were you yesterday?
    Did you see your brothers and sisters?
    Did you help children with their homework?
    Why did you fly away so early yesterday?

12. 1. Mr Healy didn't go to the doctor.
    2. I wasn't at school.
    3. The children weren't playing Scrabble.
    4. The train didn't arrive on time.
    5. Jane wasn't reading an exciting story.
    6. Dad didn't go shopping.

13. 1. Where did you play?
    2. Who invited Jane?
    3. Who did Garry invite?

14. 1. When did the plane land in London?
    2. Did you take many photos?
    3. Where did you stay?
    4. How long were you there?
    5. Could you hear Big Ben?
    6. Did you visit the Tower?
    7. How much did the tickets cost?
    Felix Quiz: hour, cool, like, T-shirt, London, skateboard, yellow, sandwich
    Lösungswort: **holidays**

Lösungen

Kapitel 4: Gemischte Aufgaben

1. 1. Where do the Browns live?
   2. When did they move here?
   3. Must you learn German?
   4. Where were you last night?

2. 1. Frank was not at the party yesterday.
   2. I'm not going to watch the match on TV.
   3. What do we need from the supermarket?
   4. Sheila didn't visit grandma yesterday.

3. 1. Where were you on holiday last summer?
   2. Did you see interesting things?
   3. We couldn't go away because my father was ill.
   4. Did he go to the doctor?